FAMOUS

1년 365일 당신의 브랜드가
유명해지기를 기원합니다

FAMOUS

김유진 지음

페이머스

당신의 브랜드는 좀 더 유명해질 수 있습니다

도서담

CONTENTS

서문

우리는 샤넬이 아닙니다. 구찌도 에르메스도 아닙니다. 수백 년의 역사와 전통도 없습니다. 전문 브랜딩 팀이 있는 것도 아닙니다. 그래도 살아야 합니다. 우리는 브랜드를 소유한 오너니까요.

우린 작디작은 브랜드의 오너입니다. 샤넬, 구찌, 에르메스는 아니지만 그래도 척 보면 '아하, 이 브랜드는 누구 거네' 하고 떠오르게 할 수 있어야 합니다.

삼겹살 하면 여러분이 생각나야 합니다.
호텔 하면 당신이 생각나야 합니다.
신발 하면 그대가 떠올라야 합니다.
경쟁자 것이 아니라
당신이 만들고 파는 상품이 먼저 생각나야 합니다.

몰라서 안 팔리는 겁니다. 모르니까 여러분 브랜드에 줄을 서지 않는 겁니다. 세상 사람들 모두가 여러분을 알게 된다면 당신은 매일 매일 줄을 세우고 정리하느라 하루가 부족할 겁니다.

첫 번째가 아니어도 좋지만, 세 번째를 넘어서면 곤란합니다. 고객은 그렇게 관대하지 않거든요. 유명해지는 좋은 방법이 있습니다.

또라이가 되는 겁니다.

세상을 바꾼 혁신적인 비즈니스맨들은 대부분 또라이였습니다. 남들이 평균적으로 상상하고 생각하는 것을 정반대로 뒤집었으니까요.

삼성이 더 친절해지고 싶어서 버튼의 수를 늘리고 있을 때, 스티브 잡스는 버튼을 모조리 없앴습니다.

남들이 자동차의 기통을 늘리느라 여념이 없을 때, 일론 머스크는 전기 엔진에 목숨을 걸었습니다.

사람은 물건을 살 때 브랜드의 컨셉, 브랜드의 자산, 브랜드의 아이덴티티를 일일이 따지고 체크하지는 않습니다.

그래서 녹여야 하는 겁니다.

자연스럽게 스며들도록 이런저런 장치와 세팅을 마쳐야 하는 겁니다. 동네에서 작은 브랜드를 운영한다고 위축되실 필요 없습니다. 세계 최고의 부자들도 처음에는 다 고만고만했으니까요.

이 책에 등장하는 내용을 하나하나 여러분 브랜드에 적용해 보세요. 두어 달이면 대한민국에서 가장 주목받는 브랜드가 되어 있을 겁니다.

브랜딩은 누가 대신해 줄 수 없습니다.
내 브랜드는 내가 제일 잘 알기 때문입니다.

브랜딩을 한 마디로 이야기하자면 바로 '유명해지기'입니다.
크고 높고 넓고 깊고 웅장해서 유명해지기.
아름답고 섬세하고 청량하고 고요해서 유명해지기.
향기롭고 구수하고 달콤하고 바삭해서 유명해지기.
달고 시고 짜고 맵고 써서 유명해지기.
촉촉하고 부드럽고 거칠고 두텁고 가냘파서 유명해지기.

수단과 방법을 가리지 않고 유명해져야 합니다.

실력이 없어서 안 팔리는 게 아닙니다.
유명하지 않아서 안 팔리는 겁니다.
유명해져야 팔립니다.

그래서 브랜드 오너들이 스스로 브랜딩 하실 수 있는 '셀프 브랜딩' 비기를 다 풀어놓았으니, 마음껏 즐기시고 소위 브랜딩 전문가들이라고 하는 사람들 코를 납작하게 해줍시다. 저를 포함해서 말입니다.

1

인두질

고객의 뇌에 인두질하라

FAMOUS

BRANDR :
인두질해야 떠오른다

BRAND의 어원이 BRANDR라는 고대 노르웨이어에서 유래했다는 사실, 알고 계셨나요? BRANDR는 '태운다', '소/양/말의 엉덩이에 달군 쇠도장으로 지진다'라는 뜻을 가지고 있습니다. 왜 이런 쓸데없는 짓을 시작했을까요?

바로 갈등과 다툼 때문입니다.

네 것과 내 것이 구분되지 않으면 결국 싸움이 벌어집니다. 피비린내 나는 수만 번의 싸움을 거치고 나서야 정신을 차렸습니다. "이럴게 아니다, 표식을 하자. 단박에 알아챌 수 있게 인두질을 하자."

소유의 입증 자료로 쓰이던 인두질은 점점 그 의미가 확대됩니다. 로마 시대에 이르러, 단순한 소유의 개념이었던 브랜드가 이제는 품질의 분간으로 그 격을 달리하게 됩니다. 사리 분별이 생긴 선조들은 상행위를 통해 더 많은 금전적 이익을 취하고 싶었습니다. 그중 솜씨가 좋은 상인들은 그저 그런 판매자들과 비슷한 취급을 당하는 게

죽기보다 싫었습니다. 월등한 능력을 인정받고 싶었죠. 단 한 번이라도 구매했던 고객이라면 나를 잊지 못해 다시 찾아오게 만들고 싶었습니다. 스마트폰도 컴퓨터도 없던 시절에 잊히고 싶지 않았던 상인들은 자신이 만든 항아리와 빵, 옷과 벽돌에 상징을 새겨 넣기 시작합니다.

CARVE새기다 + BRAND브랜드

브랜드를 새기고 지지기 시작합니다. 덕분에 원로원에서부터 노예들까지,

"로마 제일의 빵에는 별 모양이 다섯 개!"
"누가 감히 세 줄 무늬 항아리를 넘보겠습니까?"
"I II III 채찍은 아직 2등입니다, 언젠가 1등 하겠죠!"

1차원적인 소유의 개념을 넘어선 차별화의 상징. 브랜딩은 이제 상품에 새기고 지지는 차원을 넘어서 고객의 뇌에 인두질하게 됩니다.

그래야 떠올리게 되니까요.
그래야 필요할 때 다시 찾게 되니까요.

내 브랜드를 각인시키는
3가지 방법

같은 카테고리의 브랜드들은 서로 닮아갑니다. 좋게 말하면 상향 평준화지만 냉정하게 이야기하면 상호 복제에서 비롯된 획일화입니다. 온라인 쇼핑몰의 사진, 상세페이지 구성, 삼겹살 집의 구성과 인테리어, 브랜드만 지우면 분간하기 힘든 아파트들…. 이루 다 말할 수 없을 정도입니다. 그 덕에 주목받기란 점점 더 힘들어집니다.

더 크게 만드세요.

크게 만들면 아주 쉽게 눈에 띕니다. 쇼핑몰, 자동차, 정원, 주차장, 골프장, 매장, 접시, 수저…. 크다는 건 더 많은 노고가 실려 있다는 의미이기도 합니다. 막대한 자본이 투여되었다는 반증이기도 하고요.

더 높게 만드세요.

'높이'는 기술을 의미합니다. 고도의 기술력이 반영되지 않으면 절대로 높이 쌓을 수 없습니다. 만리장성, 부르즈 할리파, 롯데월드타워, 브런치 타워, 산더미 불고기, 공중 부양 갈비…. 평범한 걸 높이 세우면 고객에게 전달되는 전기자극이 강해집니다.

더 얇게 만드세요.

여성 패션과 향수로 유명했던 불가리가 대대적인 변신을 시도했습니다. 바로 시계입니다. 세상에서 가장 얇은 시계를 만들고 말겠다는 굳은 각오가 현실이 되었습니다. 자, 잠시 불가리의 신제품개발팀 회의장으로 자리를 옮겨보겠습니다.

"뭔가 좀 신박한 아이디어 없어?"
"다이아몬드를 박는 겁니다."
"톰 대리, 머리 박아."
"유명 디자이너와 콜라보 하는 겁니다."
"브라운 과장, 다른 브랜드들도 다 했잖아."

"이제껏 본적 없는 아주 얇은 모델을 만들면 어떨까요?"
"윌 부장, 그게 가능하겠어?"

불가능해 보이는 걸 가능하게 만들면 적수가 없어집니다. 이것저것 다 담아 두껍게 만들지 않고, 그 작고 얇은 공간에 최신 기술을 욱여넣는다? 칭찬받아 마땅한 일입니다. 두껍게는 아무나 만들지만 얇게는 아무나 못 만듭니다. 그러니 밀고 펴고 두들겨 당신의 상품을 얇게 만들어보세요. 눈길을 확 끌 겁니다.

불가리가 출시한 세계에서 가장 얇은 기계식 시계 '옥토 피니씨모 울트라'

보이지 않는 것을 보이게 -사토 오오키의 '마우스'

은퇴 전 마지막으로 내고 싶은 책의 제목이 바로 〈보이지 않는 것을 보이게〉 입니다. 원래는 있어야 하는데 지금은 생략된 것, 불필요하다고 생각해서 지우거나 없애 버린 것, 이걸 되찾아 주는 겁니다. 고객이 판매자를 의심하는 건 지불할 만큼의 노력이 보이지 않기 때문입니다. 보이지 않는 부분을 찾아내 제시해 주면, 고객은 그 브랜드를 잊지 못합니다. 대개의 브랜드는 자기 자랑하느라 정신이 없는데, 고객의 가장 큰 불편인 '의심'을 없애 주니까요. 지금 당장 눈에 보이지 않아 저평가된 것들을 얼마든지 보물로 만들 수 있습니다.

디자이너들은 생략이 주 무기입니다. 실존하는 대상의 곳곳을 생략하고 제거합니다. Design의 De에는 '선을 긋다/자르다/없애다' 등의 뜻이 담겨있습니다. 컴퓨터를 조종하는 컨트롤러를 우리는 마우스라고 부릅니다. 그런데 이 마우스를 정말 '마우스'답게 만든 사람이 있습니다. 바로 사토 오오키입니다. 제가 제일 사랑하는 디자이너입니다.

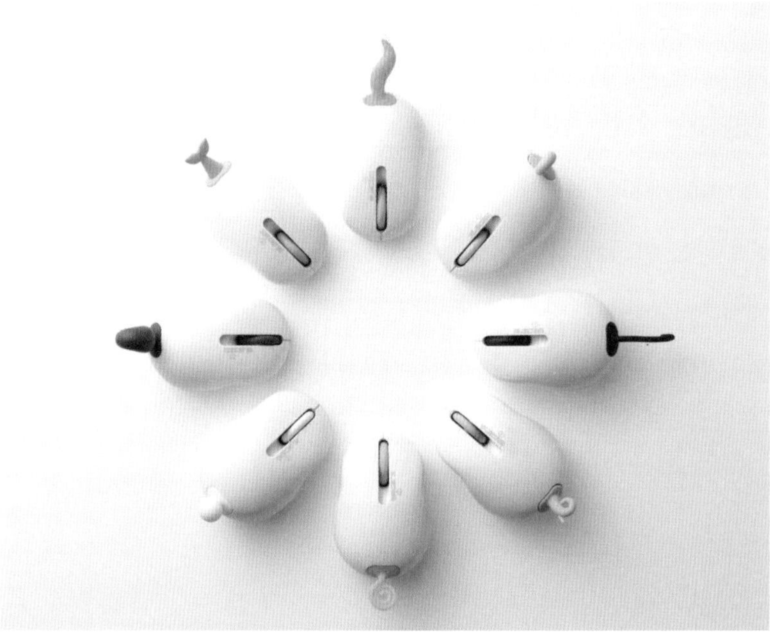

마우스에서 생략되어 보이지 않던 꼬리를 보이게 만든 사토 오오키

진정한 브랜딩이 하고 싶다면 기존의 것들과 완벽하게 작별하고, 소비자를 깜짝 놀라게 만드세요. 상품과 서비스를 보는 순간 설레고 흥분하게 만들고 싶다면 사토 오오키처럼 생략되어 보이지 않는 것을 보이게 해주세요.

보이지 않는 것을 보이게 만들어주면 지적인 위트가 생겨납니다. 우스운 게 아니라 무서운 겁니다. 한 번 보면 도저히 뇌에서 지울 수가 없습니다. 충격이 너무 커서요. 인간은 눈에 보이는 것만 믿습니다. 이제껏 생략된 세상만 봐왔다면 그게 전부인 줄 압니다. 그렇게 믿고 살아왔습니다. 그런데 마치 기적처럼 이제껏 볼 수 없었던 세상, 공간,

부분을 보여주면 인간의 뇌는 일시 정지 상태가 됩니다. 이 시간 동안 기억저장소를 스캔합니다. 그리고 이제껏 경험한 적이 없는 대상이면 바로 인두질을 시작합니다. 언젠가 이루어질 재소환을 대비해서요.

아래 사진을 잠시만 주목해 주세요. 살만 발라 접시에 내주던 비주얼과는 비교가 되지 않습니다. 관습적이고 상식적인 플레이팅과 차원이 다릅니다. 생선의 살만 발라 접시에 올려주는 일반화된 플레이팅에 모두가 지쳐갈 즈음 혁신가가 나타납니다. 그저 그런 회 모양은 버리겠다고. 이분도 브랜딩의 마법 주문을 알고 있었던 모양입니다. 보이지 않는 것을 보이게 만들자.

제주도에 위치한 〈엄마 손 횟집〉

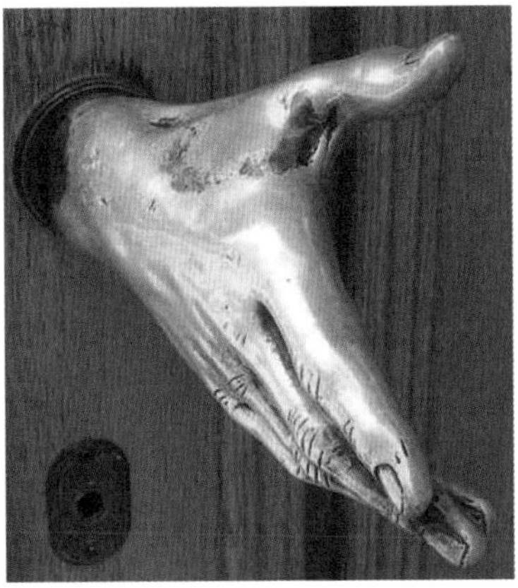

평범한 손잡이 대신 사람 손 모양을 본뜬 손잡이를 사용한 호텔

이제 호텔로 이동합니다. 따뜻한 손을 먼저 내밀고 싶었던 호텔 오너는 이런 결심을 합니다. '그래, 내 마음을 보여주자'. 그렇게 손을 내밀었고, 이 집을 찾은 투숙객들은 문을 열기도 전에 흥분하기 시작했습니다.

"이 정도 디테일이라면 감동해도 충분하겠어."

보이지 않는 것은 마음일 수도, 노력일 수도, 사랑일 수도, 실력일 수도 있습니다. 카운터 뒤에 졸업증명서, 각종 기술 증명서, 자격증을 붙이는 것도 눈에 보이지 않는 실력을 보여주기 위함 아니겠습니까?

자, 여러분은 어떤 보이지 않는 것을 보이게 해서 유명해지시렵니까?

강렬한 인상 주기
–공중부양 물갈비

운동선수 부모님들이 항상 고민하는 게 있습니다. 성인이 된 뒤에는 선수의 의견이 많이 반영이 되지만 유소년 시절에는 보호자의 입김이 세게 들어갑니다. 제일 먼저 신경 쓰는 게 헤어 스타일입니다. 빨간색으로 염색하거나, 하얗게 탈색을 하기도 합니다. 말처럼 머리 꼬랑지를 남겨 놓고 자르거나, 아예 박박 밀어 버리기도 합니다. 올백으로 넘기는 경우도 있고 머리를 땋기도 합니다.

왜? 더 주목받기 위해서입니다.

스카우터와 팬들에게 단 한 번이라도 더 주목받게 만들기 위함입니다. 양 팀의 유니폼이 비슷한 경우, 그 열기는 더 뜨겁습니다. 손목 밴드 하나, 머리띠 하나, 심지어 주장 완장을 차는 스타일까지

달라 보이기 위해 최선을 다합니다.

한마디로 나만의 스타일을 만듭니다. 목표는 강렬한 인상 주기입니다. 상품은 좀 더 심각합니다. 시각, 청각, 후각, 미각, 촉각, 심지어 통각에 이르기까지 고객들의 뇌에 강렬한 인상을 남기기 위해 진을 뺍니다.

하지만 특이하기만 했지 별다른 감흥을 주지 못하면 이내 잊히고 맙니다. 그래서 강렬한 인상을 만들고 싶다면 더욱 디테일에 신경써야 합니다. 모양, 컬러, 플레이팅 등 강렬함에 취해 분간이 안 될 정도로 설계도가 탄탄해야 합니다.

시중에 선보인 햄버거의 대부분이 갈색인데 검은색이나 붉은색으로 승부를 보는 이들도 있습니다. 최초의 시도는 일본이었습니다. 검은색, 아니 까만색 햄버거 번을 출시하면서 충격적인 표현을 사용했습니다.

비상식非常識

〈버거킹〉에서 출시되었던 검은색 번을 사용한 '기네스 와퍼'

강렬합니다. 지금은 한국에서도 가끔은 볼 수 있는 비주얼이라 많이 익숙해졌습니다만, 처음에는 정말 충격이었습니다. 나머지 재료는 다 같지만 번이 새까매졌습니다. 그리곤 당당하게 이건 비상식, 즉 상식이 아니라고 주장합니다. 이걸 본 고객들은 얼마나 궁금하겠습니까? 강렬한 인상은 이런 것입니다.

한국의 예도 하나 들어볼까요? 7년 전 참 열심히 하는데, 성적이 좋지 않았던 갈빗집 사장님을 만난 일이 있습니다. 정말 귀한 선물을 하고 싶었습니다. 레시피는 건드려봐야 금방 원래대로 돌아오게 되어 있습니다. 그래서 비주얼을 건드렸습니다. 같은 레시피인데 고객이 더 맛있게 느끼는 방법이 있을까? 그래서 '상식적' 갈비에 강렬한 인상을 심었습니다.

종로구에 위치한 〈평원숯불갈비〉의 '공중부양 물갈비'

국내 방송을 하나둘 접수하더니 전 세계 매스컴의 러브콜이 이어집니다. 갈비 하면 한국, 한국 하면 공중부양 갈비 공식이 만들어지고 있습니다. 덕분에 그 많은 갈비 중에 대한민국에서 가장 많이 주목받는 친구가 되었습니다.

그러니 제발 적당히 하지 마세요. 강렬해지세요. 더 크게, 더 높게, 더 고급스럽게, 더 강렬하게 그리고 더 파격적으로! 그러면 몰려옵니다. 그렇게 유명해지는 겁니다.

공중부양 물갈비 (강렬한 인상은 아주 많은 선물을 가져와 줍니다)

막국수는
'뱅뱅' 돌려 드세요

브랜딩은 떠오르게 만드는 겁니다. 아무리 강조해도 지나침이 없습니다. 그런데 우린 브랜딩을 하겠다고 말하면서도 정작 기본을 지키지 않습니다. 떠오르는 건 이미지입니다. 물론 기호가 떠오를 수도 있겠습니다만 인간이 무엇인가 필요할 때 떠올리는 건 이미지입니다.

최고급 핸드백은?

최고가 시계는?

가장 인기 있는 스포츠 브랜드는?

숙취해소 음료는?

검은색 패딩은?

탈모 방지 샴푸는?

고객의 머릿속에서 내 브랜드를 가장 먼저 떠오르게 만드는 것이 브랜딩의 목적입니다. 경쟁 브랜드들이 아니라 내 브랜드가 제일 먼저 생각나도록 만들기 위해 세상의 모든 기업가가 목숨을 겁니다. 인간은 글자보다 이미지를 훨씬 더 잘 기억하도록 프로그래밍되어 있습니다.

학창 시절 열심히 드나들던 분식집의 이름이 종종 헷갈리는 경우가 있습니다. 상호가 떠오르지 않으면 기억저장소 속 이미지 폴더를 뒤져 한 장씩 꺼냅니다.

"아니 왜 있잖아? 교문 나가서 오른쪽 골목 끝에 있던 파란 대문 집."

내가 지은 것도 아닌 브랜드명을 기억하는 것보다 이미지를 기억하는 편이 뇌 에너지 소모를 막는 데 도움이 됩니다. 그래서 피곤하게 문자를 기억하기보다는 그림으로 기억하려는 본능이 있습니다. 반에서 제일 깍쟁이였던 친구의 모습과 스타일은 기억을 하지만, 이름을 기억하는 건 쉽지 않습니다. 브랜딩에 이 '기본'을 적용하면 사람들이 당신 브랜드를 떠오르게 하는 데 도움이 됩니다.

"이제껏 묵었던 숙소 중 최고는?"

이렇게 물으면 뇌는 '#묵었던', '#숙소', '#최고'를 기억 저장소에서 스캔합니다. 수천만 장의 사진과 동영상으로 구성된 단기, 장기 저장소를 싹 뒤져 근사했던 기억을 추려냅니다. 이 과정 중 키워드에 해당하는 이미지들을 꼽습니다. 자, 다시 한번 강조합니다만 문자가 아니라 이미지입니다. 그러니 사람들에게 당신의 브랜드가 떠오르게 만들고 싶다면

기억할 만한 이미지를 가지고 있어야 합니다.

'6.25 전쟁 당시 피난 온 조부님 때부터 내려온 비법으로 생산한…'. 이런 글은 100번을 적어봐야 소용이 없습니다. 내게는 중요한 자산일지 모르지만 떠올려줘야 하는 고객에게는 큰 의미가 없습니다. 상대는 당신과 거래해야 하는 사람입니다.

1. 득이 되는지 안 되는지.

2. 편리해지는지 그대로인지.

3. 더 게을러질 수 있는지 없는지.

4. 주위 사람들에게 소비를 과시할 수 있는지 없는지.

5. 이제껏 없었던 새로운 경험인지 아닌지.

이것만 따집니다. 그러니 강조하고 싶은 거리를 이미지로 기억하게 만드는 것이 제일 중요합니다. 그래서 시그니처 상품을 만들고, 독특한 경험을 세팅하고, 도드라지는 이미지와 행동을 만들어야 하는 겁니다. 자, 강남에 있는 막국숫집으로 이동하겠습니다.

뱅뱅막국수. 왜 하필 '뱅뱅'이냐 하실지 모르겠습니다. 처음 대표를 만났을 당시의 이름은 봉평면 메밀촌이었습니다. 브랜드명이 토속적이고 소박해 보입니다. 나쁘지는 않지만 한 가지 치명적인 한계를 가지고 있단 생각이 들었습니다. 너무 많은 브랜드가 상호에 봉평과 메밀을 사용하고 있었으니까요. 이건 아니다 싶었습니다. 그래서 문자가 아니라 이미지가 연상되도록 만들고 싶었습니다. 그렇게 고객행동을 설계했습니다. 맛있는 국수는 비벼 먹는데 정말 맛있는 국수는 뱅뱅 돌려 먹었던 기억이 나더군요. 뱅뱅 돌려먹게 만들기 위해 왜 그렇게 먹어야 하는지 '명분'이라는 조미료도 좀 뿌렸습니다. 브랜드명을 뱅뱅으로 바꾸고 잊고 싶어도 잊을 수 없는 이미지와 자극을 심었습니다.

뱅뱅 글씨 옆에 뱅뱅 도는 원을 넣고,
원이 두 개나 보이는 파스타 그릇을 넣고,
계란 지단을 동그랗게 말아서 올리고,
동그란 육전을 넣고,
뱅앤올룹슨 스피커를 놓고,
BGM도 뱅뱅 노랫말이 들어가는 곡만 틀고,
도입할 수 있는 모든 '뱅뱅'을 넣었습니다.

이렇게 이미지로 기억하게 조각했더니 아주 많은 사람들이 이제는 강남에서 막국수 하면 뱅뱅을 떠올립니다. 만약 제가 이런 이미지 장치들을 넣지 않았더라면 그 많은 사람들이 이 브랜드를 떠올릴 수 있었을까요?

당신의 브랜드를 떠올리게 만들고 싶다면 이미지를 배치하세요. 이건 브랜딩의 기본 중에서도 가장 기본입니다. 여기에 단순한 이미지가 아니라 동영상, 즉 동작까지 가미한다면 더 오래 기억될 겁니다. 아시겠죠? 이미지와 동작. 그래야 떠오릅니다.

천재적 사고를 위한 이미지 조합법

수업 도중 이런 질문을 하는 분들이 아주 많습니다.

"혹시 매일 신선하고 충격적인 아이디어가 샘솟게 하는 방법이 있나요? 천재처럼 찌르기만 하면 '먹힐 만한' 아이디어들이 뚝뚝 떨어지는 그런 노하우가 있나요?"

그럼요. 있습니다. 천재가 아니어도 괜찮습니다. 천재처럼 사고하는 법을 배우면 되니까요. 그 중 하나를 공개하려 합니다. 지금 책을 읽고 계신 주위를 쭉 훑어보세요. 그리고 제일 먼저 발견한 것부터 메모장에 적어보세요.

스탠드 컵 카메라 물 책 시계 에어컨

저도 눈에 띄는 순서대로 적어봤습니다. 여러분의 브랜드와 천재적 아이디어 사이에 아직은 거리가 있습니다.

하지만 발견한 것들의 속성을 적어 보면 이야기는 달라집니다. 속성은 말 그대로 '어떠어떠하다' 입니다. 속성을 파악하는 것은 내 사업 아이템과는 거리가 있을지 모르나, 천재적 아이디어를 위해서는 반드시 필요한 징검다리입니다. 이 단어들을 디딤돌 삼아 건너가야 사고가 확장됩니다. 그렇지 않으면 지난 수십 년 살아온 방식 그대로의 관습적인 사고 패턴을 벗어나기 쉽지 않습니다. 세계를 흔들어 놓은 천재 사업가들이 가장 잘하는 사고법이기도 합니다.

스탠드 - 스탠드는 밝다

컵 - 컵은 둥글다

카메라 - 카메라는 찍는다

물 - 물은 촉촉하다

책 - 책은 두껍다

시계 - 시계는 정확하다

에어컨 - 에어컨은 시원하다

여러분 브랜드에 대해 굳이 생각할 필요 없이 그저 떠오르는 속성을 적으면 됩니다. 이제 주인공이 등장할 차례입니다. 속성 바로 뒤에 천재적으로 진화시키고 싶은 여러분의 상품과 서비스를 적어보세요. 그리고 연결하는 겁니다.

책을 예로 들어볼까요? 일 년에 쏟아져 나오는 수많은 책 중에 도드라지고 싶습니다. 다 잊어도 내 책만 기억나게 만들고 싶습니다.

스탠드는 밝다	밝은 책
컵은 둥글다	둥근 책
카메라는 찍는다	찍는 책
물은 촉촉하다	촉촉한 책
책은 두껍다	두꺼운 책
시계는 정확하다	정확한 책
에어컨은 시원하다	시원한 책

이렇게 강제 소환되고 확장된 속성과 상품을 적극적으로 조합합니다. 밝은 책, 둥근 책, 찍는 책, 촉촉한 책, 두꺼운 책, 정확한 책, 시원한 책…. 두어 가지는 확 떠오르셨을 테고 나머지는 느낌이 올 듯 말 듯합니다. 여기서 멈추시면 안 됩니다. 반드시 조합된 그림을 그리거나 연결해 보셔야 합니다.

귀찮더라도 꼭 이미지를 붙여 보아야 하는 이유는 이렇습니다. 인간의 뇌는 글보다 이미지를 기억하는 데 특화되어 있습니다. 반복 강조합니다. 지난번 동기들과 같이 갔던 매장의 상호는 정확히 기억하지 못해도

"아니 왜 거기 있잖아! 교보사거리 바로 뒷골목에 있는 커다란 곰 인형 있던 집!"

이렇게 이미지는 또렷하게 기억합니다. 그래서 천재적 상품과 서비스를 만들기 위한 아이디어 조합 작업에는 반드시 이미지가 필요합

니다. 이렇게 참신하고, 예측할 수 없는 즐거움이 있고, 새롭고, 신선하고, 도드라지고, 달라 보이고, 문제를 해결해 줄 것 같은 아이디어를 제안해야 고객은 받아들이고 또 오래도록 기억합니다. 뇌 속에 당신 브랜드를 인두질하면서 말입니다. 그러니 제발

남들도 다 할 수 있는 생각,
뻔한 생각,
그 정도면 됐어 하는 생각,
쉽게 만날 수 있는 생각,

이런 생각들부터 지우세요. 그래야 강력한 브랜딩이 가능합니다.

색은 글보다 진하다

색은 글보다 강렬합니다. 열 마디 말보다 하나의 색이 훨씬 더 설득력이 강합니다. 차근차근 접근해 볼까요?

흔하게 접할 수 있는 일반적인 만두

대한민국 어디서나 흔하게 접할 수 있는 만두입니다. 피로 소를 여밀 때 꽤 신경을 쓴 흔적이 역력합니다. 만약 여러분이 이 만두 브랜드의 대표라면 어떻게 소비자에게 어필 하시겠습니까? 여러 가지 방법이 있겠지만 가장 많이들 하는 제안은 이런 스타일일 겁니다.

100% 국내산 재료만 사용합니다.

속을 꽉 채웠습니다.

속 재료가 씹힙니다.

400번 치댄 만두피만 사용합니다.

상당한 시간과 노력을 기울여 공을 들였다는 사실을 느낄 수 있습니다. 하지만 이런 열 마디 말보다 컬러가 훨씬 더 강렬한 주장을 만들 수 있습니다.

상하이와 홍콩에 매장을 가진 파라다이스 다이너스티라는 딤섬 브랜드입니다. 컬러를 입혔습니다. 사람들은 이 딤섬을 보면서 딱 한 가지 반응을 보입니다.

〈파라다이스 다이너스티〉의 컬러를 입힌 딤섬

"와우!"

이 감탄사는 여러 가지 의미를 내포하고 있습니다.

"예쁘다."
"아이디어 죽인다."
"무슨 맛일까?"
"작품 만드느라 신경 좀 썼겠는데?"
"저 컬러는 어떻게 만드는 걸까?"
"카메라 어디 있지?"

하얀 만두와 달리 일일이 설명하지 않은 채 그저 모습만 보여줬는데 사람들은 이런 꼬리에 꼬리를 무는 질문을 합니다. 게다가 시키지도 않은 색깔별 맛도 추측해 봅니다. 컬러가 가지고 있는 힘 중 하나입니다. 더 중요한 포인트를 하나 찍어드린다면

사람들은 컬러를 진화로 여긴다는 겁니다.

좀 더 발전된.
좀 더 뛰어난 기술이 적용된.
좀 더 내게 도움이 되는.
좀 더 내 소비를 과시할 수 있게 만들어주는.

왜 대부분의 가전 회사에서 처음에는 무채색의 모델을 선보였다가 컬러 버전을 추가로 출시하는지 눈치채실 수 있을 겁니다. 내용물, 즉 구성은 같아도 레드, 그린, 블루, 옐로우 등의 컬러를 입히면 훨씬 더 자극이 강해집니다. 그래서 스페셜 리미티드 버전은 대부분 화려한 컬러와 함께 합니다.

〈폭스바겐〉에서 출시한 다양한 색상의 자동차

우리의 유전자와 무의식이 눈치를 채는 겁니다.

컬러는 아무나 만드는 것이 아니다.
현재의 기술보다 압도적으로 뛰어나야 개발할 수 있는 것이다.

그리고 이런 컬러의 도입은 또 다른 '컬러 파생 상품'들을 통해 새로운 카테고리를 만들고, 상상할 수 없는 잊지 못할 브랜딩을 가능하게 합니다.

자, 이제 무채색의 브랜드에 주의를 끌 만한 컬러를 입혀주세요. 진화된 브랜드로 인정받을 수 있게 말입니다. 그런 의미에서 이런 조언을 드리고 싶습니다.

색은 글보다 진하다.

색은 사람을 끌어들이는 힘이 있습니다. 길가의 돌에도 색을 칠하면 사람이 모입니다. 소중한 경험을 기억하기 위해 촬영하고, 공유하고, 이름을 붙여줍니다. 남들은 이름 한번 알려보겠다고 막대한 자금을 쏟아붓는데, 컬러를 입히면 알아서 이름도 지어줍니다. 심지어는 이 색칠한 돌의 전도사가 되어 1년 365일 콘텐츠를 나르고 또 나릅니다. 그렇게 오라고, 와달라고 설득해도 꿈적도 안하던 사람들이 말입니다.

제주도의 '도두동 무지개 해안도로'

색 하나도 그냥 부르지 맙시다
- 그린 vs '굿' 그린

우리가 아는 색의 개수는 꽤 됩니다. 레드, 블루, 핑크, 블랙…. 그런데 이 색들은 소유주가 없습니다. 너도 쓰고 나도 쓸 수 있습니다. 이래서는 기억에 남기 어렵습니다.

PT 스튜디오 좋은 습관에서는 아주 근사한 그린 컬러를 사용하고 있습니다. 이 색을 보는 것만으로 새로운 기운이 솟아날 것 같습니다. 그런데 이 색을 그냥 '그린'이라고만 하면 남들도 다 가져다 쓸 수 있죠. 이럴 때 필요한 게 뭐? 스피드 그리고 컬러 네이밍입니다. 이름만 들어도 내 브랜드가 생각나는 나만의 컬러. 일반 명사가 아닌 고유명사로 나만의 색깔 만들기 지금 시작합니다.

'굿' 그린 어떠세요? 좋은 습관의 '좋은'에서 영감을 얻었습니다. 앞으로 이 브랜드에서는 그냥 브랜드명이 찍혀 있는 초록색 로고라고 말하는 대신 이렇게 부를 겁니다.

〈좋은 습관〉의 '굿' 그린 색 로고

"'굿 그린' 컬러와 로고를 3초 바라보는 것만으로 묘한 에너지가 생깁니다."

브랜드의 자산인 컬러와 네이밍은 선점하라고 있는 겁니다. 이렇게 브랜드 컬러에 이름을 지어주면 좋은 점이 또 있습니다. 브랜드가 전문적으로 보인다는 겁니다.

인간의 뇌는 공들인 흔적을 보면 인정을 합니다. 노력하지 않는 브랜드에 비해 노고를 높이 삽니다. 누구나 나 흔하게 사용하는 것에는 가치를 두지 않습니다.

포장 패키지와 마찬가지입니다. 공을 들이면 들일수록 그 가치는 높아지고 더 강한 공감을 얻을 수 있습니다. 이렇게 내 브랜드가 연상이 되도록 색깔에 이름을 붙여주세요.

한옥 스타일의 펜션을 운영하고 있는데 메인 컬러를 브라운으로 사용하고 있다면 '코리안 브라운'.

최신형 컴퓨터들로 무장한 PC방이 블랙을 키 컬러로 사용하고 있다면 'PC 블랙'.

유기농 재료만 가지고 고추장을 만들고 있다면 '오가닉 레드'.

이렇게 기존 컬러에 여러분 브랜드와 가장 잘 어울리는 단어를 가져와 인상에 남도록, 뇌에 인두질이 되도록 색 하나도 그냥 부르지 맙시다. 여러분이 떠오르게 브랜드 컬러를 네이밍 합시다.

자, 이 책은 기획 단계부터 레드 컬러가 메인이었습니다. 그래서 우리는 이 빨간색을 이렇게 부릅니다.

페이머스 레드

사소해 보이세요? 별거 아닌 것처럼 보이세요? 어쩌죠? 고객이 진정으로 원하는 게 이런 초 디테일입니다. 페이머스 레드란 단어를 들으면 처음에는 갸우뚱하겠지만, 컬러 네이밍에 대해 살짝 설명을 해주고 나면 기억 속에 이 빨간색은 페이머스 레드로 기억됩니다. 언젠가 어디선가 빨간색을 만나게 되면 제일 먼저 페이머스 레드가 떠오르게 되어 있습니다. 왜? 이름을 지어 놨으니까요. 컬러 하나도 그냥 넘어가지 않고 브랜드의 독특한 시각으로 관찰하고, 의미를 부여하고, 이야기를 만들어 가는 그런 브랜드를 여러분이 설득해야 할 고객들이 아주 좋아합니다.

31 하면 떠오르는 브랜드는?

긴 숫자는 사람을 피곤하게 하지만 적당한 길이의 숫자는 브랜드를 떠오르게 합니다. 브랜드를 설명하는데 숫자가 떠오른다면 그건 아주 엄청난 무기가 됩니다. 경쟁자들은 브랜드에 대해 설명하느라 정신없는데, 우린 숫자 몇 개로 고객의 기억에 자리를 잡을 수 있으니까요. 브랜드를 짜릿하게 만드는 숫자 이야기 시작합니다.

"31 하면 떠오르는 브랜드는?"
"5라는 숫자를 보면 제일 먼저 떠오르는 브랜드는?"
"숫자 7을 보면 가장 먼저 떠오르는 브랜드는?"
"2 하면 떠오르는 브랜드는?"
"1577 하면 떠오르는 브랜드는?"
"숫자 500이 들어가는 브랜드는?"
"2080을 보자마자 떠오르는 브랜드는?"

다 같을 수는 없지만 아마도,

31 하면 배스킨라빈스,

5 하면 샤넬,

7 하면 세븐일레븐,

2 하면 2% 부족할 때,

1577 하면 대리운전,

500 하면 비타 500,

2080 하면 치약을 떠올리시지 싶습니다.

이런 게 바로 브랜드 넘버의 매력입니다. 이렇게 숫자를 입히는 이유는 사람들에게 여러분 브랜드를 빠르게 인식시키기 위함입니다. 이렇게 여러분을 기억나게 만드는 데 아주 큰 도움을 주는 '훌륭한' 친구가 바로 숫자거든요.

유명해지고 싶으세요? 그럼 저작권 고민 안 해도 되는 숫자를 점유하세요. 상품과 서비스에 숫자를 입혀 유일무이한 브랜드가 되세요. 숫자만 봐도 여러분 브랜드가 떠오르도록 말입니다.

자, 마음에 드는 숫자를 먼저 고르시고, 여러분 브랜드와 상품에 붙여 주시고, 그 숫자를 왜 선택했는지 고객이 설득당할 만한 이유를 만들어주세요. '있어 보이는' 건 기본이고 더 잘 각인될 겁니다.

단, 학습이 중요합니다. 아무리 의미가 좋아도 모르면 그냥 무시합니다. 그러니 예비 고객, 잠재 고객들과 만날 수 있는 거의 모든 채널의 길목을 지키세요. 그리고 반복적으로 여러분의 브랜드 넘버를 노출시키세요.

궁금해지게.

만나고 싶게.

경험해 보고 싶게.

잊지 마세요.
브랜딩은 학습입니다.
가르치는 겁니다.
숫자도, 컬러도, 이유도.

KICK

숫자는 책 제목으로도 참 많이 쓰입니다. 아마도 더 강렬하게 고객의 뇌에 박히려는 의도겠죠.

교양수업 365

1일 1분 특강

시장을 움직이는 49가지 마케팅 법칙

1분 베조스

인류에게 필요한 11가지 약 이야기

50에 읽는 논어

40에 읽는 쇼펜하우어

에르메스의 폰트는 귀족스럽습니다

지금부터 아이스크림 브랜드를 하나 만들려고 합니다.

I 스크림(SCREAM)9

9번 소리 지르게 만드는 소름 돋는 경험.

9가지 컬러의 아이스크림을 조합해서 먹는 아이스크림 브랜드.

어떤 폰트를 사용해서 브랜드명을 디자인해야 고객의 뇌에 인두질 되어 오래도록 기억에 남아 있을 수 있을까요?

굵고 딱딱한 폰트?

날카롭고 거친 폰트?

반짝이는 차가운 폰트?

동글동글 매끄러운 폰트?

가느다란 고딕 폰트?

브랜드를 완성하는 것 중 하나가 폰트인데 우린 주로 디자이너들에게 맡겨버립니다. 전문가라는 이유 하나로 말입니다. 폰트는 브랜드의 양념 정도로 생각하는 경우가 많은데 절대로 그렇지 않습니다. 자, 머릿속으로 떠올려볼까요?

나이키의 폰트는 '스피디'해 보입니다.
에르메스의 폰트는 '귀족'스럽습니다.
디올의 폰트는 '얄쌍'합니다.
몽블랑의 폰트는 '짱짱'합니다.

다 같이 동일한 알파벳을 쓰는데도 전해지는 분위기는 많이 다릅니다.

폰트는 얼굴입니다. 아무리 브랜드 헤리티지, 퍼스널리티, 아이덴티티, 컨셉이 뛰어나도 겉으로 드러나는 건 폰트입니다. 이 친구의 임무는 여러분이 드러내고자 하는 생각, 즉 컨셉을 더 도드라지게 만드는 겁니다.

구조주의 언어학의 시조 페르디낭 드 소쉬르Ferdinand de Saussure 선생에 의해 정의된 용어가 있습니다.

시니피앙 시니피에.
시니피앙은 기표記表로,
시니피에는 기의記意로 번역됩니다.

'기표'는 의미하는 것, '기의'는 의미 되고 있는 것. 말이 좀 어렵죠? 쉽게 적어볼까요? '장미'라고 쓰고 읽는 건 '기표', 사랑과 정열 등 '장미'가 은유적으로 의미하는 건 '기의'입니다. 전 기표와 기의를 보이는 것과 보이지 않는 것으로 설명하기도 합니다.

그러니 만약 여러분이 장미라는 '기표'를 통해 사랑과 정열을 표현하고자 한다면, 의미를 닮는 그릇인 폰트는 사랑과 정열이 떠오르도록 만들어줘야 합니다.

그런데 우리는 폰트를 사용하는 데에 아주 약합니다. 공부를 안 한 탓도 있지만 사실 드러내고 싶은 생각이 명확하지 않기 때문입니다. 다른 말로 표현하면 컨셉이 또렷하지 않기 때문입니다. 그러다 보니 좀 더 예뻐 보이고 있어 보이는 것으로 결정을 내립니다. 바라보는 사람은 전혀 느끼지 못하는 생각 없는 폰트로 말이죠.

정직을 보여주고 싶으세요? 그럼 어느 쪽이 맞을까요?

1. 삼겹살　2. **삼겹살**

고급스러움을 드러내고 싶으세요? 1번? 2번?

1. 사우나　2. **사우나**

역사와 전통을 자랑하고 싶으세요? 그럼 몇 번?

1. 헤어숍　2. **헤어숍**

브랜드를 만드는 건 나지만, 선택하는 건 고객입니다. 그런 의미에서

브랜드의 '기의'를 가장 잘 드러내는 '기표'가 필요합니다.
그렇게 보이는 폰트가 필요합니다.

브랜드의 화룡점정을 폰트로 찍는 겁니다.

폰트, 컬러, 스킨의 삼박자

브랜드 컬러와 폰트 이야기를 하면서 스트루프 효과를 빼놓을 수 없지요. 1935년 존 리들리 스트루프 J. R. Stroop, John Ridley Stroop는 이런 실험을 합니다.

'시열 언어 반응과제에서의 간섭에 대한 연구'

말이 좀 어렵습니다만 풀어쓰자면, '검정'이라는 글자를 빨간색이나 파란색으로 적어 놓으면, 글자를 말하는 데 더 오랜 시간이 걸리며

스트루프 효과의 예시

심지어 오답을 이야기하는 현상까지 생긴다는 연구 결과입니다.

브랜딩 공부를 하면서 절대로 빠지면 안 되는 페이지가 바로 스트루프 효과입니다. 브랜드를 처음 만들면서 빠지는 가장 큰 오류는

컨셉과 거리가 있는
내가 좋아하는 색을 사용하는 겁니다.

이건 치명적입니다. 생각과 표현이 다르니까요. 드러내야 하는 건 내추럴인데 하늘색을 사용하거나, 컨셉은 젠틀인데 노란색을 사용하는 실수를 자주 범합니다. 브랜드는 사람들에게 노출되자마자 호감을 얻어야 합니다. 친근하게 다가가야 합니다. 그런데 폰트의 모양새는 물론이고 컬러까지

드러내고자 하는 생각과 다르면,
그렇게 인식된다면,
고객의 피로도는 심해집니다.

유럽풍 럭셔리 디저트 카페를 만들겠다고 굳게 각오해 놓고 가냘픈 폰트와 경박한 컬러를 사용한다면 사람들은 믿어주지 않습니다. 말과 행동이 다른, 뜻과 비주얼이 다른 정보가 동시에 입력되면 심한 거부감이 나타납니다.

현대인은 지나치게 많은 브랜드의 난립으로 기억저장소에 손상을 입었습니다. 어지간한 브랜드에는 이제 눈길조차 가지 않습니다.

하루에도 3,000개씩 자의 반 타의 반으로 만나야 하는 브랜드들. 웬만한 브랜드는 기억하고 싶지 않습니다. 그대로 기억 속에서 지워버립니다. 잘났다는 브랜드가 하도 많아서 어디에다 주의를 기울여야 할지 갈피를 못 잡겠습니다. 누구는 재료가 좋다, 누구는 실력이 좋다, 누구는 전통이 있다, 누구는 우린 아주 새롭다…. 어떤 브랜드를 선택해야 후회 없는 거래가 될지 1년 365일 두통에 시달립니다. 행복해야 할 소비 행동이 이런 고통을 수반합니다. 그래서 우리의 브랜드는

명확하고 정확하고 뾰쪽하고 예리하고
딱 떨어져야 합니다.

컨셉에 맞는 폰트와 컬러가 중요한 이유입니다. 자칫 기표와 컬러의 매칭 실수로 반응 시간이 느려진다면 그런 낭패가 없습니다. 단 0.1초라도 경쟁자보다 빨리 자리 잡아야 할 타이밍에 느려진다? 망설이게 만든다? 사업 접어야지요.

스트루프 효과에 하나만 덧붙이자면 바로 스킨입니다. 폰트에 어떤 질감의 옷을 입혀야 더 빨리 뇌를 뚫고 입력시킬 수 있을까? 많은 브랜드에서 거의 놓치고 있는 부분입니다. 최초로 공개하는 것이니 이미지들을 잘 봐 보세요. 일반 브랜드는 가지고 있지 못한 초 디테일입니다.

폰트, 컬러, 스킨이 잘 사용된 다양한 영화들의 포스터

영화 포스터들입니다. 브랜딩 전쟁만큼이나 치열한 곳이 공연예술 장르입니다. 수없이 쏟아져 나오는 공연 중에 눈에 띄어야 합니다. 시선을 사로잡기 위해서는 폰트, 컬러 그리고 스킨. 삼박자가 맞아야 합니다. 그래야 확 꽂힙니다.

KICK

영화 <감기>의 포스터

영화 <듀얼>의 포스터

이제 감기라는 글자를 덮고 있는 바이러스가 보이시죠?

듀얼이라는 폰트를 감싸고 있는 지문도 눈에 확 들어올 겁니다.

보는 순간 '낌새'를 차릴 수 있게 만들어줘야 합니다. 네, 스킨으로 말입니다. 남들이 안 하는 걸 하고, 남들이 다 하는 걸 안 해야 합니다.

그래야 고객이 여러분을 기억하고 떠올려줍니다.

브랜딩을 한 마디로 이야기하자면
바로 '유명해지기'입니다.

2

유일무이

대체 불가능한 브랜드 되기

FAMOUS

돈두두돈!
Don't Do, Do, Don't!

홍보와 마케팅이라는 단어를 입에 달고 사는 분들이 계십니다. '사업 성공을 위해서 가장 중요한 게 홍보와 마케팅이다'. 목청 높여 부르짖는 분들이 많습니다. 그런데 고객은 여러분의 홍보를 아주 싫어합니다. 드라마를 열심히 보다가 중간 광고가 나오면 바로 리모컨으로 손이 갑니다. '내 아까운 시간에 굳이 네가 물건 팔려는 이야기를 들어야겠느냐?' 이런 심정이죠. '카톡!'하고 알림이 울립니다. 빨간 숫자가 생기자마자 바로 확인하러 들어갑니다. 그런데 '안녕하세요? 유진수산입니다. 저희가 여름 휴가철을 맞이하여…'. 전광석화 같은 속도로 냅다 지워버립니다. 다시는 안 보겠다는 각오로 톡방을 나옵니다.

대부분의 홍보 마케팅이 먹히지 않는 이유가 여기 있습니다. 그나마 유명 브랜드의 이야기는 흘깃 쳐다보기라도 하지만 들어보지도 못한 브랜드가 나를 향해 홍보의 활을 쏘아대면 최선을 다해 피합니다. 그래서 브랜딩이 필요합니다.

마케팅은 물건을 팔기 위한 필사적 노력.
브랜딩은 이름을 알리기 위한 결사적 노력.

후져서 안 팔리는 게 아닙니다. 몰라서 안 팔리는 겁니다. 유명하지 않아서 안 팔리는 겁니다. 어떻게 해야 가장 빨리 유명해질 수 있을까요? 방법은 여러 가지가 있지만 유명하지 않은 대부분의 브랜드와 반대로 하는 걸 추천 드립니다. 상식에 선을 그으세요. 트렌드의 역으로 움직이세요. 남들 다 하는 걸 하지 마세요.

Don't Do, Do, Don't!

남들이 안 하는 것만 골라서 하고, 다 하는건 죽어도 하지 않기. 모두가 화이트를 소비하면 블랙을 들이미세요. 대부분이 칼집을 내면 내지 마세요. 대형 모니터와 최신형 컴퓨터가 모텔 산업의 트렌드라면 침대를 제외한 모든 걸 치워버리세요. 삽시간에 유명해집니다. 대세에 반기를 들었으니까요. 상식에 반하는 행동을 했으니까요. 이래야 알려도 홍보라는 소리를 듣지 않고

"와우, 골 때리는 브랜드 하나 나왔네."

라며 플래시 사례를 받을 수 있습니다. 고객이 아주 좋아하는 새로운 정보니까요. 홍보라면 바퀴벌레 만난 사람처럼 경계하던 이들도 정보로서 가치가 있다면 고이고이 간직합니다.

그래서
반성이 필요합니다

반성 [명사]

반대 속성의 줄임말. 일반적인 속성의 반대.

제가 만든 단어입니다. 인간은 관습적인 사고 패턴을 가지고 살아갑니다. 벗어나려 하지 않습니다. 본능적으로 '내 생각'에서 벗어나는 것이 쉽지 않습니다. 그러니 만약 다툼이 생겨도 '저기요, 입장 바꿔 생각해보세요'라고 설득하지 마세요. 어차피 안 되는 일이고, 불가능한 작업이고, 무모한 도전입니다. 이런 고집스러운 사고 패턴 때문에 브레인스토밍을 백날 해봐야 회전차처럼 그 자리를 맴맴 돕니다.

희한하게 남의 것은 잘 보입니다. 내 잘못은 안 보이지만 상대의 잘못은 현미경을 들이댄 듯 또렷하게 보입니다. 훈수도 같은 원리입니다. 내가 체스판에 앉아 있을 때는 죽어도 보이지 않던 그 한 수가 훈수꾼의 눈에는 손금처럼 보입니다.

"하반기 매출을 책임질 최고의 신상을 만들어라."

기획, 디자인, 재료, 조립, 생산 공정, 패키지, 홍보, 마케팅, 유통…. 전 분야에 걸친 책임자들이 머리에 쥐가 날 정도로 전투적인 회의를 이어갑니다. 우여곡절을 거쳐 신상이 시장에 나오면 열에 아홉은 실패합니다. 구글도 카톡도 다 똑같습니다.

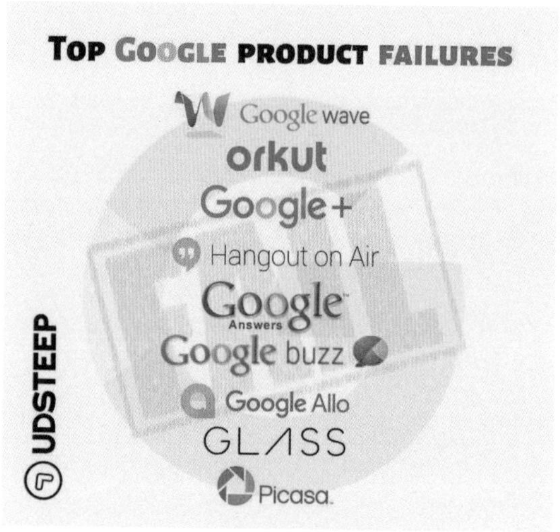

세계적인 기업인 구글의 알려지지 않은 서비스

세계적인 천재들이 가장 많이 모여 있다는 구글이 이러할진대, 어지간한 기업들이야 말해서 뭐하겠습니까? 문제를 해결하고 싶다면 반성, 즉 반대 속성을 찾으시라고 감히 주제넘게 말씀드린 이유는 이 책의 독자들이 당장 다음 회의부터 모두에게 '그런 아이디어는 어디서 나오는 거야?'라는 찬사를 들으실 수 있도록 만들어 드리고 싶어서입니다.

자, 본격적으로 시작합니다. 속성은 한마디로 '어떠어떠하다'입니다.

군복은? 삼겹살은? 모텔은? 약은? 죽음은?

아래가 이 친구들의 속성입니다.

질기다. 기름지다. 싸다. 쓰다. 아프다.

누구나 이런 비슷한 생각을 할 수밖에 없습니다. 그렇게 뇌가 학습되어 있으니까요. 만약 이런 대답을 하지 않고 엉뚱한 속성을 말한다면 회식 자리에도 부르기 싫은 또라이 취급을 받을지도 모르기에 온순하고 고분고분한 모드를 늘 유지합니다. 이런 분들에게 강력하게 요구합니다.

반성합시다.

원래의 속성에 반하여 반대의 속성을 설정하고, 그게 가능하도록 만드는 겁니다.

부드럽다. 담백하다. 비싸다. 달다. 기쁘다.

이제껏 해왔던 아이디어 생산 방식을 뒤집는 겁니다.

부드러운 군복을 만들려면? 어떤 소재가 가장 적합할까?

삼겹살을 담백하게 만들려면? 찌는 게 좋을까?

모텔을 비싸게 만들려면? 어떤 시스템을 도입할까?

약을 달게 만들려면? 뭘 첨가할까?

죽음을 기쁘게 만들려면? 생각을 어떻게 바꿀까?

반대는 튑니다. 모두 다 비슷비슷해지고 있는 세상에서는 튀어야 삽니다.

마지막으로 강조합니다. 상식적이면 홍보로 받아들이지만, 비상식적이면 정보로 받아들입니다. 속성을 주장하면 홍보라 피하지만, 반성을 제안하면 정보라 챙겨 넣습니다.

파타고니아의
'사지 마' 전략

사업하는 사람들은 고객에게 좀 더 많이 그리고 자주 구입해달라고 온갖 떼를 씁니다. 나 살겠다고 고객의 지갑을 털어가는 것과 사실 다르지 않습니다. 제가 고문을 맡고 있는 모 은행의 임직원들을 대상으로 교육을 한 일이 있습니다. 그분들의 고민 중 가장 큰 것은 고객 확보와 대출 증대 그리고 신규 상품 판매입니다. 가방끈이 긴 교육생들을 대상으로 강연할 때는 강의 보다는 공연이 효과적입니다.

한 분을 강단으로 모셨습니다. 역할극을 하자고 제안했죠. 모두가 놀라는 눈치였습니다. 이런 행동을 한 데에는 이유가 있었습니다. 제 자신에 대한 브랜딩을 하고 싶었습니다. 날고 기는 국가대표급 강사들이 다녀갔을 텐데 제가 얼마나 뛰어나야 그 사람들을 넘어설 수 있겠습니까? 그래서 뛰어넘기 대신 튀기를 선택했습니다.

"평상시 창구처럼 똑같이 대해주시면 됩니다."

"네."

"대출 때문에 왔습니다. 얼마나 가능할까요?"

(중략)

"이번에 저희 은행에서 밀고 있는 정말 혜택 좋은 상품이 있는데, 이 브로셔를 한 번 보시면…."

진지하게 이야기를 듣고 있던 제가 물었습니다.

"대리님은 이 상품 가입하셨어요?"

"…."

강연장은 얼어붙었습니다. 하고 싶은 이야기는 이거였습니다.

"고객을 설득하고 싶으세요? 그럼 현재 직원분들이 어떤 상품에 가입해 있는지 창구마다 스티커로 붙여주세요. 그래야 고객이 호감을 갖습니다."

이런 인연으로 벌써 8년째 이 은행의 임직원 교육과 소상공인 아카데미 교장직을 이어가고 있습니다.

뻔한 건 하지 마세요.
남들 다하는 건 하지 마세요.
어차피 무시당할 건 절대로 하지 마세요.
주의를 끌고 주목을 받고 관심을 끌 수 있는 것만 하세요.

아이러니하게도 이런 결과를 가져오려면 고객에게 해달라고 부탁하는 것보다 하지 말라고 강력하게 주장하는 것이 훨씬 효과적입니다. 하지 말라고 하면 하고 싶어지는 게 인간입니다.

파타고니아의 'Don't buy this jacket' 캠페인

파타고니아의 아주 황당한, 그래서 전 세계인들의 주목을 받은 캠페인입니다. 더 이상 이 재킷을 사지 말라고 합니다. 대신 평생 수선을 해주겠답니다. 사람들은 이렇게 생각합니다. '아주 망하려고 각오했구먼'. 그런데 파타고니아 회장의 생각은 달랐습니다. '진심은 통할 거야'. 결국 회장의 생각에 동의하는 사람들이 하나둘 나타나기 시작했습니다. 이 철학에 동조하는 동의하는 사람들의 머릿속은 아주 간단명료합니다.

"자신 있다 이거지? 게다가 평생 AS를 해준다고? 이런 기업은 성공해야만 해."

비용을 지불해야 하는 고객이 응원을 합니다. 응원하는 과정에서 도파민과 엔돌핀이라는 신경 전달물질이 분비되는데 이 친구가 아주 무섭습니다. 한일 국가대표 축구전을 보면서 응원할 때 나오는 바로 그 녀석입니다. 중독성이 강합니다. 전염도 쉽게 됩니다. 생각에 동조한 사람들은 손님이 아니라 팬이 되었습니다. 그러니 내일부터는

물건 말고 '생각'을 파세요.

흔하디 흔한 생각 말고 정반대의 생각을 말입니다. 정반대의 생각을 만들어내는 가장 쉬운 방법은 남들이 다 하라고 하는 것을 난 용감하게 하지 말라고 하는 것입니다.

조용히 하지 마세요.
예약 안 하셔도 됩니다.
많이 사지 마세요.
자주 오지 마세요.
존댓말 쓰지 마세요.
리뷰 죽어도 남기지 마세요.
그렇게 유니크한 브랜드가 되어가세요.

어차피 이 지구상에는 여러분 생각에 동조할 사람이 반드시 있습니다.

소주는 '흔들어주세요'

사실 같은 업종의 상품과 서비스들은 사용법이 크게 다르지 않습니다. 호텔을 사용하는 법, 고기를 먹는 법, 전화기를 쓰는 법, 약을 복용하는 법, 복사를 하는 법…. 이걸 약간만 트는 겁니다. 너무 많이 틀 필요도 없습니다.

"죄송합니다만 우리 건 그렇게 사용하는 게 아닙니다."

이런 주장이 고객에게는 섹시하게 다가옵니다.

오쏘몰 이뮨을 아시나요? 처음 이 건강기능식품을 선물 받고 망치로 뒤통수를 맞은 것 같은 충격을 받았습니다. 이건 정상인이 만들 수 있는 상품이 아닙니다. 평범한 개발자가 낼 수 있는 아이디어가 아닙니다. 인간은 습관적으로 '욱여넣으려' 노력합니다. 특히 개발자들은 이것도 들어갔고, 저것도 들어갔고, 과감하게 여러 가지를 넣었다고 주장하는 것이 보통입니다. 그런데 이 녀석 오쏘몰 이뮨은 보통의 비타민과는 달리 직접 말을 걸어옵니다.

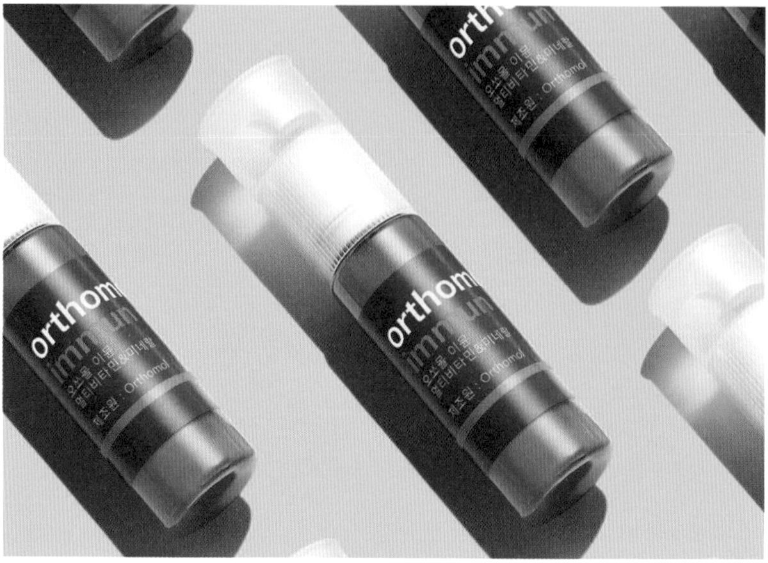

독일의 건강기능식품기업인 오쏘몰에서 만든 〈오쏘몰 이뮨〉

"고객님 이런 비타민 처음 보시죠? 많이 놀라셨을 거예요. 다른 비타민들과 저는 차원이 다릅니다. 그저 뚜껑 열고 입에 털어 넣으면 되는 것들과 비교하지 말아 주세요. 대신 위 칸에 넣어드린 알약을 먼저 꺼내시고 그다음에 아래 병뚜껑을 열어 함께 복용해 주세요."

어차피 몸 안에서는 섞입니다. 그런데 이걸 분리했습니다. 그리고 이 브랜드만의 의식을 만들어냈죠. 브랜딩에서 의식은 정말 중요합니다. 뭔가 거창해 보이고, 더 건강해질 것만 같고, 일반 비타민보다 훨씬 더 설레고 흥분되게 만듭니다.

경쟁자들은 두려워서 엄두도 내지 못하는 여러분 브랜드만의 의식을 만들어보세요. 앞을 다투어 달려올 겁니다. 왜? 이제껏 경험해 보지 못한 신상이니까요. 달라 보이니까요. 훨씬 더 있어 보이니까요. 브랜드는 이렇게 의식과 함께 커지는 겁니다. 아직도 고객을 갸우뚱하고 계신 분들을 위해 이효리씨를 초대합니다.

"흔들어주세요."

사람들이 소주를 흔들도록 만든 '처음처럼'의 광고

1등만 기억하는 더러운 세상

마라톤 경기장으로 여러분을 모시고 이동합니다. 출발선에 200명 정도의 전 세계 국가대표 선수들이 모여 있습니다. '탕~' 출발 신호와 함께 스타디움 바닥을 박차고 달려 나갑니다. 어느새 경기장을 빠져나간 중계차는 생방송으로 선수들의 질주를 따라갑니다. 반환점을 돌자 선두 그룹과 2위 그룹의 격차가 벌어집니다. 경기는 후반으로 치닫고 있습니다. 선수들은 이미 지친 모습이 역력합니다. 중계차는 숨을 죽인 채 마라토너의 뒤를 따라 언덕을 오릅니다.

뛰는 경기의 클라이맥스는 '프레임인', 즉 마지막 등장에 있습니다. 언덕 너머의 카메라가 중계 바통을 이어받습니다. 지평선을 가르며 제일 앞선 선수의 머리가 프레임 안으로 들어오기 시작합니다. 얼굴, 목, 가슴, 배, 허벅지, 무릎…. 점점 선명해집니다. 이 선수가 1등입니다. 뒤 이어 선수들이 프레임 안으로 들어오지만 구별되지 않습니다. 1등 선수에게 가려서 말입니다. 어느 개그맨이 이렇게 울부짖은 적이 있습니다.

"1등만 기억하는 더러운 세상!"

왜 인간은 1등만 기억하는지 아세요? 뭔가 감은 잡히는데 정확히 대답은 못 하시겠죠? 정답은 이렇습니다. 이 시대를 사는 소비자로서의 인간은 기억해야 할 게 너무도 많습니다. 언제 다시 필요할지 몰라 기억해 놓아야만 하는 1등 브랜드가 수백수천 개입니다. 2등과 3등을 기억할 만한 여유가 없습니다. 1등을 하려면 많은 노력이 필요합니다. 누구보다 빨라야 합니다. 누구보다 집중해야 합니다.

루이스 캐럴의 동화 〈이상한 나라의 앨리스〉, 다 아시죠? 하늘색 주름 드레스를 입고 작품 내내 달리기를 하던 앨리스. 이 작품은 공전의 히트를 기록했습니다. 그 덕에 속편도 나왔는데 이 사실을 알고 계신 분은 많지 않더군요. 2탄의 제목은 〈거울 나라의 앨리스〉입니다. 이 작품에서도 앨리스는 끊임없이 달립니다. 이때 진화생물학자들이 주목한 그 유명한 앨리스가 붉은 여왕과 함께 나무 아래에서 눈썹이 휘날리도록 달리는 장면이 등장합니다.

> "계속 뛰는데, 왜 나무를 벗어나지 못하나요? 내가 살던 나라에서는 이렇게 달리면 벌써 멀리 갔을 텐데."
> 붉은 여왕이 답한다.
> "여기서는 힘껏 달려야 제자리야. 나무를 벗어나려면 지금보다 두 배는 더 빨리 달려야 해."
>
> 루이스 캐럴 저, 〈거울 나라의 앨리스〉

브랜딩이 이렇습니다. 지금 속도로 달리면 추월당하기 십상입니다. 말씀드렸죠? 비즈니스 바닥에서 2등은 설 땅이 없다고요. 카메라에 잡힌 마라토너는 1등만 또렷하게 보입니다. 중계차에 실린 카메라는 고객의 눈입니다. 고객의 눈에 1등 뒤에 서 있는 2등과 3등 브랜드는 만족이 아니라 손해의 대상입니다. 그 어느 고객이 1등을 놔두고 2등이나 3등과 거래하고 싶겠습니까? 어떤 고객이 최고의 전문가 대신 두 번째 판매자를 선택하겠습니까? 브랜딩 전쟁에서 살아남고 싶다면

유일무이, 1등, 최초, 반대, 우선, 독보, 독식.

이 단어 중 하나는 따내야 할 겁니다. 단 하나라도 좋습니다. 최초를 만드세요. 업계 최초는 후발이 따라오기 전까지는 1등입니다. 그래서 최초를 만드는 크리에이티브 씽킹이 브랜딩의 성패를 좌우하는 겁니다.

최초를 만드는 슬롯머신 기법

1등이 되기 위한 최초를 간단하게 만드는 방법이 있습니다. 아무도 중요하게 여기지 않아 간과했던 아주 사소한 포인트를 극강으로 살리는 겁니다.

전국에서 제일 아름다운 중국집 단무지.
서울에서 가장 비싼 수건을 제공하는 사우나.
아시아 최초 탄산수 샴푸를 해주는 헤어 부티크.
언제든 가져오면 리폼 서비스를 해주는 독보적인 의상실.
전국에 한 대밖에 없는 당구대가 설치되어 있는 모텔.

진심으로 1등을 하고 싶다면 앞으로 여러분 때문에 2등 하게 될 브랜드를 잘 알아야 합니다. 현재 원탑이 누구인지 알아야 더 1등스러운 상품과 서비스를 만들 수 있으니까요. 이 시점에서 조금 원초적인 질문을 드려볼까요? 1등은 과연 어떤 기준의 1등이 되는 걸까요?

최고의 퀄리티, 최강 디테일 그리고 아무도 덤비지 않아서 최초인 것이 있다면 1등의 자격이 충분합니다. 퀄리티와 디테일은 사실 상대적인 개념이라 섣불리 판단하기 어렵습니다. 하지만 최초는 얼마든지 해결 가능합니다. 이 챕터에서는 그 누구에게도 비교당하지 않을 최초를 만드는 방법을 공개하려 합니다. 비슷하면 비교당하지만 다르면 비교의 기준과 대상이 사라집니다. 자연스럽게 1등이 되는 거죠. 제가 만든 이 기법을 앞으로 슬롯머신 기법이라 부를 겁니다. 아래 공식을 슬롯머신처럼 사용해 보세요. 눈앞에서 잭팟이 터지게 될 겁니다.

돈까스 = 돼지고기 + 빵가루 + 기름

최초로 만들고 싶은 상품이나 서비스를 등식의 제일 앞에서 세우고, 나머지 필수 구성 요소 3가지를 슬롯머신 칸에 채우듯 줄을 세워 보세요. 그리고 한 칸 한 칸 구성요소들을 더 채워보세요.

		돼지고기		빵가루		기름
		소고기		식빵		식용유
		양고기		바게트		아보카도 오일
돈까스	=	말고기	+	도넛	+	면실유
		햄		베이글		호두 오일
		보쌈		추로스		참기름
		족발		크루아상		들기름
		항정		꽈배기		트러플 오일

돼지고기 칸부터 오른쪽 하단 사선으로 하나씩 대박의 작대기를 이어볼까요?

돼지고기	+	식빵	+	아보카도 오일
소고기	+	바게트	+	면실유
양고기	+	도넛	+	호두 오일
말고기	+	베이글	+	참기름
햄	+	추로스	+	들기름
보쌈	+	크루아상	+	트러플 오일

무작위로 조합을 만드셔도 좋습니다. 최초를 만드시면 자동으로 1등이 됩니다. 1등만 기억하는 더러운 세상에서 고객의 머릿속에 내 브랜드를 떠오르게 만들려면 이 방법이 제일 빠릅니다.

유일무이를 완성하는 키워드, "가장"

브랜딩은 의도한다고 되는 것이 아닙니다. 감각이 필요합니다. 아트가 아니고 고도의 테크닉이라서 그 무엇이든 일반적이고 상식적인 것들을 압도적으로 제압할 수 있으면 성공합니다.

브랜딩 관련 책을 많이 읽은 분들은 아이덴티티, 포지셔닝, 프레이밍, 자산, 네이밍 등의 개념이 익숙하실 겁니다. 중요합니다. 개념을 명확히 알아야 응용도 가능하니까요. 그런데 혹시 이 사실을 아시나요? 일반적인 고객은 여러분 브랜드를 만났을 때 "이 브랜드의 에센스는 뭘까? 퍼스널러티는 뭐지?"를 절대로 묻지 않습니다. 그저 느낄 뿐입니다.

분석적으로 보는 직종의 분들이 아니라면 굳이 애써서 위의 개념들을 찾아낼 필요가 없습니다. 고민은 판매자가 하는 것이지 구매자가 그것까지 신경 쓸 이유와 여유가 없습니다. 새롭다, 다르다, 격이 느껴진다, 복잡하다, 근사하다, 뭔가 있어 보인다…. 이렇게 몸으로 느낄 뿐입니다.

브랜딩에 임하면서 거창하게 자꾸 '아트'를 하려는 분들이 많습니다.

"최고最古를 넘어 최고最高를 향해 나아가고 있습니다."

브랜드의 주장이 시처럼 아름답습니다. 확실히 뭔가 있어 보입니다. 그런데 말입니다, 제발 좀 기억해달라고 꺼내 놓은 이 브랜드 철학을 수능 문제집처럼 외워줄 고객이 얼마나 될까요? 전통도 좋고, 이미지도 좋고, 맛도 좋습니다. 그렇다고 이 주장을 굳이 기억해 주지는 않습니다. 내게 상당한 혜택과 편익이 생기지 않는 이상 말이죠. 세상에 정보가 너무 많아 귓등으로 듣게 됩니다. 비슷한 주장이 많아 굳이 다 기억하고 싶지 않습니다. 현장에서 30년 가까이 지켜보다 보니 유명한 브랜드 디렉터가 만든 '상품'보다 시골 촌부가 만든 '작품'이 브랜딩에 성공한 사례를 훨씬 많이 접하게 됩니다.

"뜨거운 칼국수 위에 차가운 콩나물무침을 크게 한 젓가락 넣어서 섞어 드소."

자, 여러분이 고객이라면 일주일 뒤 '칼국수'라는 단어를 들었을 때 제일 먼저 누가 생각이 날까요? 수많은 브랜딩 서적에서 사용하고 있는 표현으로 바꿔볼까요? 어떤 브랜드가 떠오르게 될까요?

브랜딩은 '느낌'입니다. 뭔가 다르다, 새롭다, 상당하다, 놀랍다, 이렇게 느낄 수 있도록 최초의 경험을 만들어주는 것이 훨씬 효과적입니다.

유일하게 캠핑카가 방 안에 있는 모텔.

유일하게 스마트폰 활용법을 매달 전송해 주는 통신 대리점.

유일하게 치료 후 관리 동영상을 보내주는 치과.

유일하게 사랑방 같은 약국.

제가 브랜딩을 생각할 때 가장 중요하게 지키고 있는 원칙입니다.

'세상에 단 하나밖에 없는 상품과 서비스네요'라는 평가를 받는 브랜드가 되세요. 브랜딩은 아트가 아닙니다. 생존입니다. 고객의 머리에 박혀야 멸종하지 않고 살아남을 수 있습니다. 여기에 딱 한 가지 개념만 추가한다면 브랜드의 유일무이함을 완성할 수 있습니다.

가장

이 녀석이 붙으면 강력 본드처럼 뇌에 들러붙습니다.

가장 오래된 수구레 국수.

가장 구제 옷이 많은 동묘시장.

가장 느린 볼을 던지는 유희관.

가장 힘이 센 황충원.

가장 층수가 많은 롯데월드타워.

가장 친절한 고깃집.

갈빗집인데 밥이 없다고요?

반골 기질 때문인지 남들이 다 하는 건 하기 싫습니다. 주식도 부동산도 골프도 모두가 하니 영 관심이 가지 않더군요. 대신 남들이 잘 안 하는 것만 골라 하며 살았습니다. 피디, 평론가, 작가, 아카데미에 이어 이제는 매니지먼트 회사까지. 그 덕에 김유진이라는 이름 석 자를 브랜딩 하는데 성공했습니다. 지금 당장 검색해 보시면 확인이 가능합니다.

"전략이란 하지 않을 일을 결정하는 것이다."

마이클 포터 교수가 한 말입니다. 매끄럽게 한 문장으로 전략의 핵심을 찔렀습니다. 한다고 이야기하는 것보다 확실히 안 한다고 주장하는 것이 몇 배는 더 강렬합니다. 한마디로 청개구리 전략이죠.

"미안합니다. 저희 집은 밥이 없습니다. 정확히 말씀드리면 밥을 하지 않습니다."

대한민국 국가대표급 장사의 신으로 꼽히는 연남서식당 서서갈비 창업주의 이야기입니다. 제가 진행하던 라디오 토크쇼에 모신 일이 있었습니다. 가게를 이전하기 전의 자리가 제가 태어나고 살던 집 바로 근처라 자의 반 타의 반으로 단골이 되었습니다. 오랜 시간 궁금했던 걸 다 여쭙는데 세상에 이렇게 독특한 정반대의 전략을 구사하는 분이 다 계신다는 생각이 들 정도였습니다.

"밥뿐만이 아니에요. 저희는 김치도 없어요. 그 흔한 국과 찌개도 없고요. 참 의자 없는 건 다 아시죠?"

이런 컨셉은 없었습니다. 서서 먹는 문화를 가진 국가가 여럿이기는 하지만, 서서갈비처럼 '반드시 있어야 한다고 생각하는 기본들'을 싹 다 무시하고 내주지 않는 브랜드는 거의 없습니다. 생각해 보세요. 갈빗집에 밥도 김치도 찌개도 없다니. 모르는 사람이 보면 완전 초짜구나 싶겠지만 한국 전쟁 끝물부터 지금까지 버텨낸 장사의 신 중의 신입니다.

어쩌다 그리된 게 아닙니다. 처음부터 컨셉을 그리 잡았던 겁니다. 안 하기로 굳게 결심한 것들과는 절대로 타협하지 않겠다는 각오. 그 덕에 전 세계 유수의 방송국 프로그램에는 거의 다 소개가 됐습니다. 얼마나 희한했으면 비행기 타고 취재진들이 날아와 열을 올렸겠습니까? 맛이요? 맛있습니다. 그런데 과연 대한민국 최고의 맛이냐고 물으신다면 잠시 침묵을 지키겠습니다. 친절? 위생? 그런 평범한 기준으로 이 브랜드를 논하기에는 무리가 따릅니다. 서서갈비는 전혀 다른 색입니다. 완벽하게 다른 길을 가고요. 그래서 상식적이고, 일반적이며, 평범한 브랜드들과는 섞일 수가 없습니다.

여러분께 부탁이 하나 있습니다. 정반대로 가겠다고 고객들과 멀어지면 곤란합니다. 반대로 가되 그리고 하지 않을 것을 정하되 고객과는 가까워져야 합니다. 경쟁자와 멀어지자는 의미에서 드리는 부탁입니다. 무조건 차별화해 보겠다고 반대로 가다가는 경쟁자는 물론이고 고객과도 영원히 멀어질 수 있습니다. 서서갈비가 밥, 김치, 찌개를 포기한 건 고기에 집중하기 위해서였습니다. 1등 할 자신이 없는 것까지 신경 쓰기 싫었기 때문입니다.

의자를 포기한 데는 슬픈 사연이 있습니다. 연명하기도 힘든 시절, 아주 작은 공간에 손님을 모시려니 의자를 빼는 수밖에 방법이 없었습니다. 일부러 친절하고 싶지 않아서 뺀 게 아니라 여건이 그래서 뺄 수밖에 없었던 겁니다. 이렇게 안 하려고 결심하고 정반대로 하다 보니 그 자체로 브랜딩이 되어버렸습니다.

브랜딩이라는 건 이런 겁니다. 의도한다고 되는 게 아닙니다. 남들과 다르게 최선을 다하다 보면 어느새 유명해져있곤 합니다. 고객의 뇌에 들러붙어 떨어지지 않습니다. 여러분도 오늘부터 하나씩 정반대로 가보심이 어떨까요?

원형을 사각으로,

단층을 다층으로,

왼쪽을 오른쪽으로,

보드라움을 딱딱함으로,

거침을 매끈함으로,

하얀색을 검은색으로,

색이 없는 걸 색이 있도록,

반대를 찾으세요.

그 길로 가다 보면 답이 보일 겁니다.

아직도 완벽하게 청개구리 전략을 납득 못 하신 분들을 위해 스티브 잡스를 모십니다. 지구 대표급의 청개구리 맞습니다. 삼성을 비롯한 전 세계 스마트폰 회사들이 버튼 확장 전략을 펼칠 때 정반대로 버튼을 없애는 전략을 구사했습니다. 그나저나 스티브 잡스는 도대체 왜 남들 다 하는 스타일을 철저하게 무시하고 외면했을까요? 많은 분들이 궁금해하는 부분입니다. 생각을 정반대로 해보면 그의 진짜 의도가 보이기 시작합니다.

무조건 다를 거야 vs 다르지 않을 이유가 없잖아?
(의도적 차별화)　　　(자연스러운 생각)

그저 달라야 한다고 생각하면 길을 잘못 선택할 가능성이 높아집니다. 힘이 들어간 어깨 때문에 스트라이크 존을 놓치는 투수처럼요. 그래서 이 생각 자체도 정반대로 해보는 겁니다. '뭐 어때? 내 맘이잖아? 내 스타일대로 만드는 거라고'. 이런 게 브랜드 컨셉이고, 컬러고, 아이덴티티입니다. 고객 눈치 보지 말고, 차별화한다고 경쟁자들만 쳐다보지 말고, 주위 사람들 신경 쓰지 말고, 당신 생각에 동조하고 함께 해줄 사람을 찾는 법. 그렇게 나만의 유일무이한 스타일을 만드는 겁니다.

이해해주는 사람은 편이 되고, 팬이 됩니다.

굳이 팔려고 애쓰지 않아도 당신과 당신 브랜드를 보호해줄 겁니다. 그러니 여러분 스타일을 만드세요, 여러분 브랜드만이 가지고 있는 성격을 드러내 도드라지게 만드세요. 당신의 스타일 앞에 모두가 고개를 끄덕이고 무릎 꿇을 수 있게요.

단어 2개로 완성하는 유일무이

매니지먼트 프로젝트를 의뢰받으면 가장 먼저 꺼내 보는 이미지입니다.

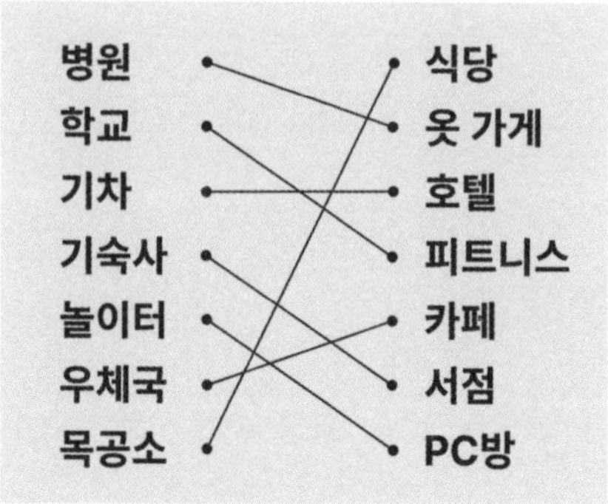

공간과 공간을 연결하는 표

아무리 훈련이 되어 있다고는 하지만 저도 새로운 아이디어를 만들어내는 일이 쉽진 않습니다. 위 표는 공간과 공간을 연결하는 조합입니다. 두 단어를 연결하는 동안 그 짧은 시간에 수많은 생각이 스쳐 지나갑니다.

병원 × 식당

병원 × 옷 가게

병원 × 피트니스

병원 × 카페

병원 × PC방

일단 이렇게 적어 놓으면 50%는 성공한 겁니다. 여러분도 저와 비슷한 경험을 하셨을 겁니다. 병원과 식당이라…. 제일 먼저 떠오르는 건 병원 내에 있는 식당입니다. 반대로 식당에 병원을 가져가면 이야기가 달라집니다. 인테리어를 병원처럼 하는 방법도 있고, 의상을 병원 직원처럼 갖추는 방법도 있고, 링거, 주사기 등의 소품을 병원에서 가져와 식당에 사용하는 방법도 있습니다. 죽, 샐러드, 영양식, 비건 메뉴, 보양식 같은 생각만 해도 육체적, 정신적으로 건강해질 것만 같은 병원 스타일을 가져올 수 있을 겁니다. 아직 없는 컨셉이니 얼른 한 번 사용해 보세요.

다음은 병원과 옷 가게입니다. 병원에서 옷을 팔면 좋겠습니다. 환자들도 그렇지만 특히 보호자는 여벌의 옷과 속옷이 필요한데 병원 내에서 해결하기가 좀처럼 쉽지 않습니다. 물론 쇼핑몰과 연결된 병원은 문제가 안 되지만 대한민국에 이런 병원이 몇 군데나 있겠습니까? 자, 이번에는 반대로 옷 가게에 병원의 컨셉을 가져오는 겁니다. 처방전처럼 생긴 코디네이션 노트도 도입할 수 있고, 코스튬 닥터라는 새로운 직업도 만들어낼 수 있을 겁니다. 옷을 못 입는 패션 테러리스트들이 방문하면 전문의가 진단을 하고 코칭을 해주는 겁니다.

한 발 더 나아가면 이 처방에 따라 개인 맞춤형으로 옷을 정기적으로 배달해 주는 구독 서비스도 가능하겠죠.

이번엔 병원과 피트니스입니다. 병원 내에 피트니스가 있으면 여러모로 좋겠지요. 병원 직원들은 물론이고 피곤한 보호자들을 위한 운동 시설. 생각만 해도 설레는데요? 자, 반대로 피트니스에 병원을 도입합니다. PT나 필라테스 코치님들이 1:1 진단을 해주니 이보다 더 좋을 수 없습니다. 단, 운동만 시킬 것이 아니라 영양제, 건강보조식품 그리고 단백질이 함유된 상품들을 판매하면 좋겠습니다.

인간의 뇌는 신비한 힘을 가지고 있습니다. 단어를 두 개 제시하면 바로 연결을 시작합니다. 처음에는 어색하지만, 한 번 두 번 조합하다 보면 생각에 근육이 붙습니다. 그래야 크리에이티브가 강력해집니다.

학교, 기차, 기숙사, 놀이터, 우체국, 목공소를 넘나들며 그 누구도 넘볼 수 없는 유일무이한 브랜드를 개발한 창시자가 되시기를 빌겠습니다. 그 어떤 브랜드도 비교가 되지 않는 초강력 대체 불가 브랜드가 될 수 있다는 걸 저는 믿습니다. 이미 이 방식을 통해 수많은 부자들을 만들어냈으니까요. 자, 이제 공은 여러분 코트로 넘어갔습니다.

크리에이티브한 조합으로 전설이 될 것인지.
평범한 브랜드로 남을 것인지.
여러분이 결정하시면 됩니다.

흔한 건 잊지만,
귀한 건 담아둡니다

가치를 올리는 중요한 포인트 중 하나가 희소성입니다. 흔하면 굳이 지금 당장 그 브랜드를 찾아야 할 필요가 없지만, 아주 희소하면 모두가 가지고 싶고 사고 싶어서 안달이 납니다. 만약 롤렉스나 샤넬 그리고 에르메스의 인기 상품들을 1년 365일 24시간 그 어느 곳에서든 구매할 수 있다면 이 브랜드들이 가치를 유지해 나갈 수 있을까요? 절대 불가능합니다. 희소하니까, 공급이 적으니까, 아무나 쉽게 손에 넣을 수 없으니까 더 소중해지는 겁니다.

흔한 건 쉽게 잊지만,
귀한 건 반드시 마음에 담아둡니다.

그 덕에 한정판들이 상상을 초월한 인기를 끄는 겁니다. 소수만이 소유할 수 있는 희귀템이다 보니 더욱 가지고 싶고 사고 싶어집니다. 유일해지고 싶으면 대세를 거슬러야 합니다.

한 유명 연예인이 어느 날 야외 촬영장의 냉기를 피하기 위해 길고 두꺼운 검은색 패딩 점퍼를 입기 시작합니다. 이전까지 대세는 무스탕이었습니다. 대세를 거스른 아주 용감한 선택이었습니다. 이 신선한 모습을 본 동료, 후배, 스텝들이 묻기 시작합니다.

"털도 없는데 안 추워요? 근데 가벼워 보인다…. 길이가 기니까 무릎도 시리지 않겠어요."

첫 도전자를 본 호기심 많은 사람들이 스포츠 트레이닝용 패딩인 걸 알면서도 따라 입기 시작합니다. 그동안 방한복에서 느꼈던 불편과 고통을 해결해 준 이 친구가 대세로 떠오릅니다. 인간은 사회적 동물이기에 트렌드다 싶으면 올라타는 걸 주저하지 않습니다. 최대한 서둘러 동참하려고 애를 씁니다. 너도나도 블랙 롱패딩을 만들기 시작합니다. 시장에 공급이 넘쳐납니다. 기능과 성능을 개선했다고 너스레를 떨지만 고객 입장에서 큰 차이가 없습니다. 이걸 지켜보던 용감한 브랜더Brander가 결심합니다.

"선을 그을 거야. 같이 묻히기 싫단 말이야. 지금 대세가 아닌 정반대의 컬러와 디자인으로 고객의 가슴을 파고들겠어."

블랙의 반대 화이트, 롱의 반대 숏. 산다라박이 용기를 내 입었습니다. 온 국민의 시선이 그녀에게 꽂힙니다. 다들 블랙을 걸치고 다니는데 화이트를 입었으니 튈 수밖에 없지요. 흔하지 않으니까요. 희귀하면 고객의 가슴에 꽂힙니다.

단, 중요한 사실 한 가지를 잊어서는 안 됩니다. 꽂힌 화살이 오래도록 박혀 있으려면 카피가 매력적이어야 합니다. 그래야 덜 잊혀고 오래 떠오릅니다. 화이트와 숏. 훌륭한 아이디어입니다. 추격을 따돌리려면 여러분만의 유니크한

Unique

기술이 필요합니다. 소재, 코팅, 충전, 방수, 제습…. 이런 기술도 필요하지만, 사용권을 유일하게 부여받은 '특허'가 제일입니다. 인간이 특허를 좋아하는 건 무엇인가 일반적인 것들에 비해 특별하고 좀 더 진화된 기술이 가미되었다고 보기 때문입니다. 아무나 획득할 수 없는 기술이라 인정하기 때문입니다. 브랜딩으로 성공한 브랜드들의 상당수는 특허 보유 수가 어마어마합니다. 독보적인 브랜드라는 사실을 입증하는 아주 훌륭한 증거들입니다.

유니크는 만들기만 해서는 의미가 없습니다. 외치셔야 합니다. 내가 국내에서 유일한 브랜드라고, 이제껏 없었던 브랜드라고 소리 높여 외치세요. 인간은 자극에 반응합니다. 자극이 없으면 반응도 없습니다. 이 책을 통해 전 세계 유일무이한 브랜드를 만드실 여러분들을 유일무이한 열정으로 응원합니다.

KICK

우리가 모두 흔하게 접하는 삼겹살만 생각해 봐도 아주 쉽습니다. 모든 경쟁자들이 시장의 한복판에서 '생삼겹살'을 외치는데 한 브랜드는 칼집을 냅니다. 한두 번도 아니고 108번 칼집을 낸 삼겹살이라고 주장합니다. 여기서 그치지 않고 특허를 냅니다. 그렇게 역사상 유일한 '108번 칼집 낸 삼겹살' 특허를 보유한 브랜드가 됩니다.

품종으로 넘어갑니다. 대한민국의 50%가 '한돈'만 쓴다고 주장할 때 한 브랜드가 '듀록'을 쓰기 시작합니다. 그것도 그냥 듀록이 아니라 특허받은 기술로 드라이 에이징한 듀록이랍니다.

이렇게 유일함과 유니크함을 주장하면 아주 쉽게 고객의 가슴과 뇌에 꽂힙니다.

3

컨셉

스타일을 디-사인!(De-sign)하라

FAMOUS

디-사인(De-sign),
생각에 선 긋기

제목을 읽다 어딘가 어색함을 느끼셨다면 당신은 지극히 정상입니다. 보통 디자인이라고 쓰는데 일부러 디-사인이라고 쓴 데는 이유가 있습니다. 디자인을 영어로 쓰면 Design입니다. 제일 앞의 De는 어원이 '선을 긋는다' 입니다. Sign은 여러분의 '생각'이고요. 기존의 것들에 비해 얼마나 선을 긋고 멀어지느냐에 따라 디자인이 되기도 하고 그저 그런 또 하나의 제품이 되기도 합니다. 그래서 저는 디자인 대신 디-사인이라고 쓰고 읽습니다.

디-사인De-sign은 선을 긋는 생각.

이 생각을 갈고 다듬고 광을 내야 예술 작품이 됩니다. 적당해서는 안 됩니다. 비슷해서는 어림도 없습니다. 또렷하게 다르고 멀어야 디-사인입니다.

인스턴트 라면 = 면 + 스프 + 패키지

이런 뻔하고 뻔한 생각에 선을 그어야 합니다. 어디부터 선을 그어볼까요? '면'부터 선을 그어보겠습니다.

인스턴트 라면 = ~~면~~ + 스프 + 패키지

모두가 당연하게 집어넣는 '면'에 선을 그었습니다. 이제 그저 그런 라면이 아닙니다. 유탕면이 아닌 건면을 넣을 겁니다. 기존 면이 아닌 생면을 넣을 겁니다. 상식이라고 생각했던 일반적인 면 대신 냉동면을 넣을 겁니다.

이렇게 생각하면 쉽습니다. 커다란 원 안에 50명의 경쟁자가 서 있습니다. 동서남북 게임을 하듯이 '디-사인!'이라는 신호가 떨어지면 커다란 작대기를 가지고 바닥에 선을 그어 내 영역을 표시합니다. 이러한 디-사인 작업이 성공하기 위해서는

평범과 상식의 공통 분모를 뽑아내야 합니다.

종류가 다른 면을 사용하는 것도 선을 긋는 거지만, 아예 면을 빼버리는 것도 디-사인입니다.

"칼국수, 소면, 우동면, 수제비, 심지어 스파게티까지 그 어떤 면이라도 저희 스프와 잘 어울립니다."

자, 이번에는 스프에 선을 그어볼까요? 아주 살짝 제안을 드렸을 뿐인데 여러분 머릿속에는 커다란 작대기를 든 조교가 한 명 나타났을 겁니다. 그리고 인정사정없이 냅다 바닥에 선을 긋는 그를 지켜보게 될 겁니다.

인스턴트 라면 = 라면 + ~~스프~~ + 패키지

은색 봉투에 들어있는 빨간색 가루 스프에 선을 긋습니다. 하얀색, 노란색, 검은색 컬러 스프를 사용할 겁니다. 또 있습니다. 수십 년 동안 아무런 의심 없이 써왔던 가루 스프에 선을 그을 겁니다. 대신 액상 스프를 넣어줄 작정입니다. 주사위 모양의 각진 스프도 좋습니다. 아기들 이유식처럼 유동 스프도 좋고요. 선을 그으면 확실히 구분이 갑니다.

단, 선을 그은 뒤에 선보여야 하는 사인, 즉 여러분만의 생각이 섹시해야 합니다. 선은 그었는데 여러분이 드러내고 싶은 생각이 잘 보이지 않는다면 사람들은 이걸 신호라고 받아들이지 못합니다. 명확하지 않으니까요. 유명한 브랜드가 되어 고객의 머릿속에 자주 떠오르고 싶다면 선을 그어주세요. 그 위에 벽을 쌓아주세요. 감히 남들이 넘볼 수 없게 말입니다. 이렇게 하나하나 악착같이 선을 그어 나가는 겁니다.

손잡이를 꽃 모양으로 바꾸고, 소리 나는 배너를 세팅하고, 익숙한 소리의 호출벨 대신 여러분 브랜드다운 오디오를 입력하고, 무선 충전기가 달린 자상한 책상으로 교체하고, 테이블마다 조명 스탠드

를 세팅하고…. 그렇게 지치지 말고 선을 그으세요. 그리고 망설여질 때마다

스스로에게 단호하게 질문하세요.
이게 최선이야?

디사이너가 되는 건 쉽지만 또 그만큼 어렵기도 합니다, 정상적인 생각을 버려야 하니까요. 정반대로 생각해야 하니까요. 남들이 다 하는 걸 안 하고, 또 안 하는 것만 골라서 해야 하니까요. 디-사이너 De-signer, 그 길은 험난하고 외롭지만, 대신 값진 선물이 기다리고 있습니다.

바로 독식입니다.

선을 긋는 만큼 내 것이 됩니다. 양의 엉덩이에 인두질한 만큼 내 것이 되듯, 것들과 선을 그으면 나머지 시장 전체는 여러분 것이 된다는 사실 잊지 마세요.

어떤 물 사용하세요?

스타일은 개성입니다. 나의 생각을 드러내는 가장 좋은 수단이기도 합니다. 여러분은 어떤 스타일이 가장 마음에 드세요? 고전적 스타일, 낭만적 스타일, 거친 스타일, 꼼꼼한 스타일, 매력적인 스타일, 치밀한 스타일?

다 같은 유니폼을 입고 있는 무리를 보면 우린 스타일이라는 표현 자체를 지웁니다. 교복, 군복 같은 획일화된 의상에는 스타일이라는 단어를 붙이기 어렵습니다. 뭔가 다르고, 튀고, 희소할 때 스타일이라는 표현을 데려다 쓸 수 있습니다. 모두가 새하얀 신발을 신고 다니는데 누군가 붉은색과 푸른색이 섞인 파도 모양 프린트 신발을 신은 것을 보면

"와우! 스타일 죽이는데?"

소리가 절로 나옵니다. 모두가 길고 두툼하게만 잘라대는 삼겹살에 앞뒷면으로 다이아몬드 칼집을 내거나 큐브 모양으로 썰어주면

"고기 스타일 장난 없네…."

칭찬에 입이 마릅니다. 여러분의 브랜드를 만나자마자 모두가 스타일을 운운하게 하고 싶으면 모든 구성 요소에 독특한 생각을 넣으세요. 디테일한 스타일이 좋다면 브랜드를 구성하는 모든 요소에

다른 브랜드와 다른 당신만의
디테일한 생각을 담아주세요.

"어떤 물 사용하세요?"
"네? 어…. 그냥 물이요."

"어떤 수건 사용하세요?"
"보통 많이들 사용하는 그냥 수건이요."

생각 없이 그냥 하면 스타일이 생기지 않습니다. 스타일이 나지 않으면 사람들은 기억하지 않습니다. 사람들이 기억하지 않는 브랜드는 멸종합니다. 그러니 제발 스타일 좀 만들어 봅시다. 내 브랜드가 기억나도록 좀 달라집시다. 달라도 됩니다. 걱정하지 마세요. 아주 많이 달라도 됩니다. 다르면 다를수록 스타일이 생기고, 내 브랜드는 덜 잊히고 오래도록 기억에 남습니다.

고객이 사는 것은 상품이 아닙니다

저는 브랜딩을 성 쌓기에 비유합니다. 하루아침에 쌓아 올릴 수는 없고, 꾸준히 지치지 않고 차곡차곡 쌓아 올려야 견고한 '브랜드의 성'을 구축할 수 있습니다. 이 책에서 설명해 드리는 내용 한 장 한 장이 벽돌이 됩니다. 차이점이 있다면 성은 돌로 쌓지만, 브랜드는 콘텐츠로 쌓습니다. 정말 많은 사람들이 콘텐츠를 강조하지만 정의를 내려 보라고 하면 머뭇거립니다. 저는 콘텐츠를 이렇게 규정하고 싶습니다.

콘텐츠는 남의 마음을 훔치는 나의 생각.

어느 날 이런 생각을 합니다. '갓 지은 밥 위에 날달걀을 하나 올려주자. 간장 살짝 두르고 버터 한 숟가락 올려서 비벼 먹으면 끝내주겠어'. 이 생각에 동조하는 사람은 상품을 구매하거나 매장에 갑니다. 마음에 드는 생각이니까요.

날달걀이 올라간 갓 지은 밥

반면 '에이, 어떻게 날달걀을 밥에 비벼 먹어?'라며 손사래를 칠 분들은 죽어도 이 상품을 구매하지 않을 겁니다. 나와는 생각이 완전히 다른 브랜드니까요.

고객이 사는 건 상품이 아니라 여러분의 생각입니다.

제대로 된 브랜드를 만들고 싶은 분들이라면 죽어도 절대로 이 문장을 잊으시면 안 됩니다. 고객이 사는 건 생각입니다. 그저 그런 생각은 그저 그렇게 팔리고, 특별한 생각은 특별하게 팔립니다. 후진 생각은 후지게 팔리고, 럭셔리한 생각은 럭셔리하게 팔립니다.

제공되는 방식의 차이가 있는 가운

헤어숍과 숙박업을 운영하는 제자들에게 정말 여러 차례 강조하는 내용입니다. '난 왼쪽 사진처럼 그냥 옷걸이에 걸려 있는 가운 아무거나 걸쳐도 괜찮아', 이런 생각을 가지고 있다면 좌측 브랜드를 과감히 선택할 겁니다. 반면에 '난 오른쪽 사진처럼 배려로 똘똘 뭉친 끝판왕이 정말 좋아'라고 생각하는 분들은 비닐로 정성스럽게 포장이 된 브랜드를 단골로 삼을 겁니다. 고객이 모두 같은 생각을 하지는 않습니다.

자, 그럼 왜 이렇게 생각이 나뉘는 걸까요? DNA의 차이도 있을 테고, 학습의 차이도 있을 겁니다. 생각은 자유지만 우측의 가운을 단 한 번이라도 접해본 사람은 왼쪽으로 돌아가기 어렵습니다. 나를 조금이라도 더 편하게 해주고, 내게 단 1%라도 더 이익이 되고, 의심을 안심으로 바꿔주고, 마지막으로 눈곱만큼이라도 더 대접받는 기분이 드는 쪽을 선택할 수밖에 없습니다.

이렇게 까탈스러운 고객들에게 아무런 생각도 집어넣지 않은 '그냥' 혹은 '아무거나' 제공을 했다가는 디테일하게 생각을 집어넣은 브랜드들에게 싹 다 몰살당할 겁니다. 엎드려 부탁드리오니,

제발 여러분 브랜드의 상품과 서비스에 생각을 넣어주세요.
부디 먼저 생각을 만들어주세요.

공기에 대한 생각.

소금에 대한 생각.

방에 대한 생각.

가운에 대한 생각.

조명에 대한 생각.

설명에 대한 생각.

차에 대한 생각.

그렇죠, 어떤 생각? 경쟁사보다 좀 더 편해지고, 이익이 생기고, 혜택을 누리고, 대접받는다는 기분이 들게 만드는 생각입니다. 내가 고객을 생각한 만큼 더 사랑받기 마련입니다.

생각한 만큼 더 사랑받고
생각한 만큼 더 받을 수 있습니다.

컨셉이 뭐냐고 물으신다면

시장 내에 있는 수많은 브랜드를 포기하고 당신의 브랜드를 선택해야만 하는 이유를 가지고 계신지요? 고객의 선택 기준은 당신의 생각입니다. 이 생각이 모여 브랜드가 완성됩니다. 이 생각은 콘텐츠를 통해 반드시 전달되어야 합니다.

그나저나 콘텐츠는 어떻게 만들어질까요? 그 첫 단추는 바로 컨셉입니다.

"와우 컨셉 죽이는데!"

이렇게 용암처럼 뜨거운 반응을 보이는 브랜드도 있고,

"난 이 브랜드 컨셉을 도통 모르겠어."

이런 얼음장처럼 차디찬 반응을 얻는 브랜드도 있습니다.

과연 컨셉이란 무엇일까요? 컨셉을 설명하는 다양한 표현들이 존재하지만 저는 이렇게 정의하겠습니다.

컨셉은 드러내고 싶은 생각입니다.

여러분은 브랜드를 통해 어떤 생각을 드러내고 싶으세요? 여러분의 상품과 서비스로 무슨 생각을 드러내고 싶으세요?

"멈추지 않는 도전정신을 표현하고 싶었어요."
"행복을 추구하는 사람들에게 보내는 희망 메시지."
"지상 최고의 열정 그리고 애정."

컨셉이, 즉 드러내고 싶은 생각이 명확하지 않으면 딱 그만큼 희뿌옇게 보입니다. 좋게 말하면 몽환적일지 모르겠으나, 당신의 생각도 그만큼 희미하게 전달됩니다. 컨셉을 명확히 하자는 이유는 그래야 사야만 할 이유가 생기기 때문입니다.

일본식 정원을 마당에.
감자탕 매장으로 들어온 놀이터.
서울에서 만나는 성산 일출봉.
갤러리와 위스키 바의 만남.

글자만 읽어도 머릿속에 그림이 그려져야 합니다. 그래야 세부 행동강령이 나옵니다. 일본식 정원을 찾고, 추리고, 생략하고, 추가해서 내 브랜드의 마당으로 가져옵니다. 하얀 모래밭, 맷돌을 박아놓은 것 같은 징검다리, 처마 높이를 넘지 않는 키 작은 소나무, 바람에 춤을

추는 풍경…. 화끈하게 드러내면 드러낼수록

"정말 컨셉 예술이다."

이런 찬사가 삽시간에 퍼져 나갑니다. 적당히 서너 개 정도로 분위기 내보겠다고 양념만 쳐서는 여러분의 생각이 잘 드러나지 않습니다.

처음 감자탕 매장에 실내놀이터를 만든다고 했을 때 다들 미친 짓이라고 했습니다. 그런 쓸데없는 짓을 왜 하냐고 비아냥거리는 사람들도 많았습니다. 하지만 뚝심쟁이 하나가 사고를 쳤습니다. 500평 매장에 남들은 임대공간을 다 테이블로 채우려고 발악하고 있을 때, 500평 중 100평을 뚝 떼어 미끄럼틀, 정글짐, 시소, 철봉을 밀어 넣었습니다. 왜? 진짜 패밀리 식당을 만들고 싶다는 생각을 했거든요. 그러려면 적당히 아기 의자 몇 개, 게임기 두어 대여서는 안 되거든요. 드러내고 싶은 생각은 화끈하면 좋습니다. 결국 한반도를 강타하고 말았지요. 생각 하나가 말입니다.

제가 운영하는 김유진 아카데미는 평생교육원이지만, 매니지먼트 회사의 역할을 더 많이 합니다. 이 생각을 제대로 드러내기 위해 투자도 하고, 제자들을 무대에도 세우고, 대한민국 최고의 자영업 코치진들을 붙이기도 합니다. 수업만 마치고 헤어지는 관계가 아니라 하루 24시간 같은 톡방에서 집중케어를 하고 있습니다.

여러분이 어느 업종이든 상관없습니다. 드러내고 싶은 생각이 명확하면 그 생각을 사러 고객들이 반드시 몰려옵니다.

한국에서 제일 예쁜 국숫집.

아시아에서 제일 친절한 훠궈집.

디테일을 20가지 보유한 서점.

구매하면 72시간 안에 기분 좋은 일이 생기는 치즈집.

3가지 선물을 얻게 되는 양조장.

드러내고 싶은 생각을 약속처럼 지키기 위한 마법이 펼쳐질 겁니다. 비즈니스는 생각한 대로 되기 마련이거든요. 생각을 하고 드러내야 사줄 사람이 생깁니다. 드러낸 만큼 팬이 늘어납니다.

생각하세요.
그리고 세상에 드러내세요.
모두가 볼 수 있게 말입니다.

컨셉을 만드는 제1원칙

드러내고자 하는 생각이 컨셉이다…. 이건 알겠는데 무엇을 드러내야 할지 잘 모르겠다는 분들이 정말 많습니다. 브랜드를 시작하기 전에 받아야 했을 교육인데 우리에겐 이런 교육 시스템이 없었습니다. 그래서 오로지 내 생각과 지인 몇몇의 생각으로 브랜드를 시작합니다. 의지할 곳이 없다 보니 여기저기 좋은 것들을 참고하기 시작합니다. 내 브랜드에 내 생각을 담아야 하는데 남의 생각을 담습니다. 이게 가장 큰 문제입니다. 점점 남들과 비슷해집니다. 이 과정을 반복하다 보면 시장 내에 있는 브랜드들이 대부분 닮아갑니다. 누가 먼저 시작했는지 구분이 안 갑니다. 결국 내 생각이 아닌 남의 생각들을 담은 브랜드들은 굳이 사야 할 이유가 없어집니다.

88%의 브랜드는 그렇게 3년 안에 무너집니다. 브랜드에 담긴 남의 생각 때문에 말입니다. 살아남은 12%는 홍보마케팅을 잘해서 버틴 걸로 오해들 하십니다만, 지난 30년 현장에서 지켜본 바로는 달라서 생존한 겁니다. 희소해서 살아남은 겁니다. 변덕쟁이 고객들에게 새롭게 인식되었기 때문에 멸종하지 않고 진화한 겁니다.

그래서 생각이 제일 중요합니다. 어떤 생각을 만들어야 할지 모르겠다…. 어떤 생각을 드러내야 먹힐지 모르겠다…. 이런 분들을 위해 준비했습니다.

컨셉을 만드는 제1원칙 : 여러분이 가장 좋아하는 스타일을 찾으세요.

가장 좋아하는 TV 프로그램은 어떤 건가요? 네? TV를 안 보신다고요? 그럼 넷플릭스도 좋습니다. 생각을 정리하기 위해서는 무조건 하나는 골라야 합니다. 저 같은 경우 프로젝트를 맡으면 가장 먼저 하는 것이 개성 많은 출연자들이 등장하는 프로그램을 하나 골라 시청을 합니다. 그중 제일 마음에 드는 캐릭터를 하나 내 것으로 만듭니다. 좋아하는 데는 분명한 이유가 있습니다. 어떤 프로그램을 볼지 살펴보는데 참 재미있게 시청했던 꽃보다 할배가 인기 순위에 올라 있습니다. 무슨 이유일까? 진지하게 시청 버튼을 누릅니다.

tvN의 프로그램인 〈꽃보다 할배〉

등장인물 중 누구를 고를지 망설이는데 신구 선생님이 눈에 확 띕니다. 이내 메모지를 꺼내 신구 선생님이 왜 좋았는지 바로 적어봅니다.

자상하다.

제 머릿속에 가장 먼저 떠오른 단어는 '자상'이었습니다. 선후배를 챙기고, 특히 백일섭 선생님이 힘들어하면 그 곁을 지켜줍니다. 까마득한 후배지만 투정도 받아주고 응원의 박수도 보냅니다. 전 이 캐릭터가 너무 좋습니다. 그래서 이 단어를 브랜드에서 드러내고 싶은 생각으로 결정했습니다. 드러내려면 제대로 드러내야 합니다. 그 어느 누구라도 여러분 브랜드를 경험할 때 자상의 끝판왕이라는 찬사가 쏟아질 수 있도록 생각을 곳곳에, 은밀하면서도 적극적으로 합니다.

자상하다 = 간판 + 파사드 + 주차장 + 현관 + 손잡이 + 발판 + 거울 + 카운터 + 테이블 + 의자 + 조명 + 벽

드러내고 싶은 생각을 머릿속에만 담고 있으면 아무도 몰라줍니다. 그러니 목숨 걸고 드러내는 겁니다.

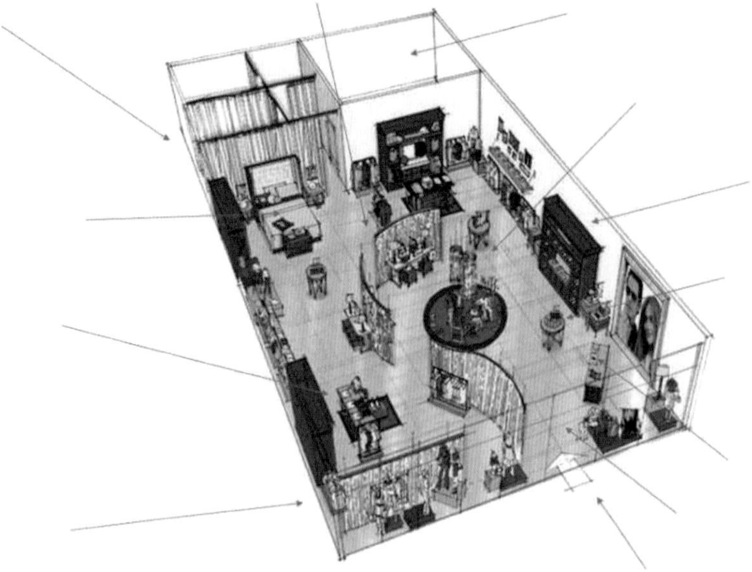

자상한 간판	자상한 현관	자상한 거울	자상한 의자
자상한 파사드	자상한 손잡이	자상한 카운터	자상한 조명
자상한 주차장	자상한 발판	자상한 테이블	자상한 벽

생각만으로는 부족합니다. 드러내고 싶은 생각과 브랜드를 구성하고 있는 요소들 하나하나를 묶어줘야 합니다. 그렇게 강제로라도 요소들을 적어주면 뇌 속에서 희한한 일이 벌어집니다. 알아서 그림이 그려집니다.

조합의 힘입니다.

두 단어를 제시하면 인간은 외면할 수 없습니다. 어떻게라도 서로 간의 연관성을 만들어 내려고 애를 씁니다. 자상한 테이블을 만든다? 쉽지 않습니다. 하지만 머리가 아프다고 생각을 멈춰버리면 고객도 여러분을 딱 거기까지만 이해해 줍니다. 그러니 작성한 모든 요소들을 무조건 자상하게 만들어야 합니다.

바닥에 끌어도 소리가 나지 않게 다리 밑 부분에 실리콘 코팅.
키 큰 손님들을 위해 높이 조절이 가능한 테이블.
테이블에 올려놓는 것만으로도 충전이 가능한 무선 충전 시스템.
핸드백이나 가방을 걸 수 있도록 테이블 밑에 달린 고리.

이제껏 이렇게 자상한 테이블을 보신 적 있으세요? 이제 여러분 겁니다. 장담합니다. 여러분 브랜드를 찾은 고객들은 여러분의 생각을 눈과 카메라에 담느라 혼이 빠질 겁니다. 이렇게 소중한 첫 경험을 실어 나르는 초강력 홍보 바이러스가 될 겁니다. 왜? 이렇게 충격적이고 컨셉이 명확한 브랜드를 피드에 올려야 '좋아요'가 쌓이니까요. 주목을 끄니까요. 덕분에 자신도 유명해지니까요. 새로운 경험을 찾아낸 인플루언서가 될 수 있으니까요.

그러니 제발 생각을 드러내 주세요.

세계가 인정한 미장센의 신,
봉준호 감독

드디어 이 장의 클라이맥스로 넘어갑니다. 컨셉이 제대로 전달되기 위해서는 '미장센'이 절대적으로 필요합니다. 어디선가 들어본 듯한 이 단어가 여러분 브랜드를 아주 특별하게 만들어줄 겁니다.

미장센Mise-en-Scène은 영화나 뮤지컬에서 사용하는 용어입니다. 영어로는 'Putting on Stage'로, '무대에 배치한다'라는 뜻을 가지고 있습니다. 인물이나 사물, 조명, 의상을 어떻게 배치할 것인지에 대한 질문에서 출발한 개념이죠.

컨셉이 제대로 전달되기 위해서는, 즉 여러분 브랜드의 드러내고 싶은 생각이 제대로 먹히려면 미장센이 탄탄해야 합니다. 복잡하게 생각하지 않으셔도 됩니다. 브랜드가 드러내고 싶은 생각이 '자연주의'라면 인물의 배치, 무대, 장치, 조명, 소품 등이 자연주의를 따르면 됩니다. 드러내고 싶은 생각이 '암울'이라면 인물, 무대, 소품 등이 암울하면 되는 겁니다. 이걸 누가 얼마나 디테일하게 그리고 그럴싸하게 표현하느냐에 따라 컨셉의 평가가 달라집니다. 세계가 인정한 미장센의 신이 있습니다. 바로 봉준호 감독입니다.

미장센의 신, 봉준호 감독의 2019년 작품 〈기생충〉

어지간한 영화들과는 배치가 완전히 다릅니다. 처음 이 장면을 보고 얼마나 소름이 돋았는지 모릅니다. 밖에서 속이 훤히 보이는 반지하에 살고 있는 가족, 게다가 화장실이 계단 위에 있다니…. 인물들의 배치만으로 이미 반은 먹고 들어갑니다. 감독이 무슨 생각을 드러내고 싶어 했는지 상상이 갑니다.

세계적인 미장센의 신들에게 배경은 스케치북입니다. 자유자재로 옮기고, 비틀고, 바꾸고, 뒤집습니다. 갑자기 홍수로 물이 넘치기도 하고, 불이 났는데 숨을 곳이 없어지기도 하고, 배가 수면 위에서 아래로 박히기도 합니다. 배경을 바꾸기 위한 노력입니다. 아주 많은 드라마와 영화에서 이 배경 바꾸기에 열을 올립니다. 배경이 바뀌면 반전이 일어납니다.

영화 이야기로 돌아가 보겠습니다. 네 가족이 모여 사는 반지하에서 어느 날 맥주 파티가 벌어집니다. 전원 취업 기념 파티입니다. 찬장에 놓인 그릇들, 테이블에 깔린 반찬 그릇들, 하나같이 어수선하기 짝이 없습니다. 무엇 하나 통일된 것이 없습니다. 이들 소품을 통해 이 가족의 지금 상황, 그리고 미래를 추측하게 합니다. 반지하에 살아본 적도 없는 평론가들이 극찬을 합니다.

무엇 때문에?
스토리 그리고 미장센 때문에.

탄탄한 스토리는 기본이며 이걸 드러내는 컨셉이 미장센에서 제대로 드러나면 모두 혀를 내두릅니다. 잊지 못합니다. 그리고 찬사를 보냅니다. 그러니 여러분 브랜드를 보석처럼 빛나고 칭찬받게 만들고 싶다면 인물 배치, 배경, 소품으로 생각을 드러내 보세요. 순식간에 유명해질 수 있습니다.

코로나 2년 동안 매출이 가장 많이 오른 브랜드 〈온천집〉

꼭 메모해 두세요.
컨셉은 미장센으로 소통하는 겁니다.
굳이 말로 하지 않아도 알아차리게 만드는 게
미장센의 마력입니다.

수십 년을 배워도 완벽하게 구현하지 못하는 게 미장센인데 이걸 한 챕터로 끝내려니 미련이 남습니다. 공간뿐만 아니라 상품도 배치, 배경, 소품이 달라져야 여러분의 그 소중한 생각이 드러납니다.

일반적인 용기가 아닌 종이 상자에 담긴 꿔바로우

보통은 엔터팩 같은 진공 포장 용기에 담습니다만 이 브랜드는 몇몇 음식을 접시가 아닌 종이 상자에 담았습니다. 이유가 뭘까요? 뭔가 달라 보이기 위해서? 좀 더 있어 보이려고? 새로운 경험을 하게 해주려고? 다 맞습니다. 그런데 전 여기에 하나 더 생각을 더하고 싶습니다.

아메리칸 스타일을 물씬 풍기려고.

미국 영화들을 보면 중국 음식을 이런 용기에 담아서 배달하고는 합니다. '그냥 꿔바로우가 아니라, 우리 브랜드는 아메리칸 스타일의 꿔바로우다'. 이런 생각을 드러내고 싶었을 겁니다. 그래서 이런 배치와 용기를 선택했을 테고요.

스타일이 확실한 3개의 패키지

맨 왼쪽은 호두 패키지 사진입니다. 일반적 사고라면 그저 망 안에 호두를 담아주지요. 흐트러지지 않게 담는 데 열중합니다. 그런데 이 브랜드의 사장은 생각이 다릅니다. 좀 더 위트 있는 패키지를 통해 오래 기억되길 원했습니다. 그리곤 다람쥐를 떠올렸습니다. 호두, 도토리, 땅콩 등을 발견하면 볼이 터져라 입 속으로 욱여넣는 그 모습을 캐치했습니다. '그래 이거면 되겠어'. 결국 호두를 담은 망 중간을 가로지르는 띠지를 둘렀습니다. 다람쥐 얼굴 모양으로요. 그랬더니 누구나 가지고 싶고, 사고 싶은 작품이 만들어졌습니다. 연출 의도가 돋보입니다. 이런 패키지는 한번 보면 절대로 잊을 수 없습니다.

가운데 양털로 만든 실도 가히 충격적입니다. 양털에서 뽑아낸 실을 포장하면서 어디서 가져왔는지 보이지 않는 걸 명확하게 보여줍니다. 이런 게 생각입니다. 그저 봉투에 넣거나 밀봉을 한 정도를 넘어서서 감각적으로 느낄 수 있게 생각을 드러냈습니다. 상품을 만드느라 생략한 부분을 다시 살려냈습니다. 이런 노력은 고객에게 아주 잘 먹힙니다.

마지막은 마카롱 패키지입니다. 이제껏 우리는 그저 마카롱을 닮은 원형 패키지면 되는 줄 알았습니다. 그런데 가운데를 시원하게 뚫어 몇 배는 고급스러운 분위기를 연출했습니다. 왜? 이런 시도를 한 걸까요?

마카롱 브랜드가 너무 많으니
주목받고 싶어서.
덜 잊히고 오래 기억되고 싶어서.

그리고 백만 번 강조해도 지나침이 없는 '스타일' 때문일 겁니다. 나의 유니크한 생각을 드러내는 스타일. 함부로 남이 좇아서 하기 어려운 우리 브랜드만의 스타일. 우린 압니다. 그리고 고객도 압니다. 특별한 건 시간과 노력이 많이 들어갔다는 걸 말이죠. 여러분 브랜드를 아주 빨리 유명하게 만들기 위해서는 여러분의 드러내고 싶은 생각을 표현해 주는 인물, 상품 배치, 배경, 소품이 묻지도 따지지도 말고 달라야 합니다.

노트가 아닙니다, 책입니다

브랜딩과 생각 이야기를 하면 빼놓을 수 없는 브랜드가 몰스킨입니다. 이 브랜드에 대해서는 말이 많습니다. 오래전부터 유명 화가나 문인들이 애용했던 역사적인 노트라고 알고 있습니다만, 사실 몰스킨은 1997년 이탈리아에서 탄생한 노트 브랜드입니다. 원래 '몰스킨'은 프랑스의 전통적인 노트 제조 방식을 말합니다. 기름을 먹인 몰스킨 원단으로 표지를 만들어 이런 이름을 갖게 되었습니다. 이탈리아의 몰스킨은 이름과 형태를 가져와 역사와 전통이 있는 것 같은 브랜드를 만들었습니다. 왠지 빈센트 반 고흐, 어니스트 헤밍웨이, 파블로 피카소 같은 유명인들이 사용했을 것만 같은 느낌을 줍니다.

유사 이래 인류는 아

몰스킨의 대표 상품인 '클래식 데일리 다이어리'

주 많이 적어 왔습니다. 동굴 벽, 점토판, 파피루스, 대나무, 목편, 석판, 양피지나 짐승 가죽 그리고 종이에 끊임없이 무언가를 적어 왔습니다. 왜? 기록되어야만 하는 내용들이 있으니까요. 이어지지 않으면 안 될 물려주고 싶은 유산이 있으니까요. 이루 헤아릴 수 없을 정도로 많은 종류의 기록 용지들 중 왜 하필 몰스킨이 그토록 유명해진 것일까요?

노트를 노트로 보지 않았습니다.

그저 메모를 끄적이는 또 하나의 노트가 아닌 책, 작품집, 스케치북으로 대접 받기를 원했습니다.

"몰스킨은 그냥 아무 생각 없는 노트가 아니다. 아직 쓰이지 않은 책이다."

몰스킨은 결심했습니다. 책이 되어야겠다고. 세상의 모든 콘텐츠를 담는 책이 되어야겠다고. 브랜딩을 할 때 정말 잊지 말아야 할 포인트가 이겁니다.

○○○처럼 보이고 싶다.
그렇게 대접받고 싶다.

이 각오가 브랜드에 생명을 불어넣어 줍니다. 이런 철학이 에너지를 만들어줍니다. 그래서인지 몰스킨은 한 장 한 장 아껴 쓰게 됩니다. 페이지를 펴는 것도 조심스럽고, 어떤 펜을 사용할지 고민하게 되고, 또 펜을 댈 때도 긴장하게 됩니다. 아무거나 적어서는 안 될 것 같은 분위기가 엄습해 옵니다. 뭔가 뜻깊고, 기록할 만한 가치가 있는 것들만 적어 내려가야 할 것 같은 부담감이 따라옵니다. 이렇게 분위기를 조성했습니다. 몰스킨 스스로를 아주 과감하게 디-사인해서 평범한 노트들과 선을 그었습니다.

"너희들은 다 그냥 노트해라. 난 책 할게. 아직 쓰이지 않은 책."

그냥 말로만 하지 않았습니다. 노트가 아닌 책이어야 했기 때문에 책이 해야 하는 거의 모든 임무를 수행했습니다. ISBN, 즉 국제표준도서번호를 붙였고, 서점에서 팔고, 필기 내용이 담긴 몰스킨을 모아서 전시회를 하고, 유명인과 단체들의 스폰서를 합니다. 흔하디흔한 노트에 생각을 담았습니다. 어떤 생각? 이 노트를 사용할 사람들을 생각했습니다. 그리고 이런 결심을 합니다.

"몰스킨을 쓰는 당신을 존경과 부러움의 대상으로 만들고야 말겠어."

그러니 옷을 의상으로 보지 말고, 스마트폰을 전화기로 보지 말고, 상식을 낭비로 보지 않아야 몰스킨 같은 대접을 받을 수 있습니다.

"너희들은 다 그냥 고기 해라. 난 에너지가 될게."

"너희들은 다 그냥 사우나 해라. 난 힐링이 될 거다."

"너희들은 다 그냥 와인 해라. 난 관계가 될 거야."

그리고 몰스킨이 했듯이 에너지 넘치게, 힐링스럽게, 관계답게 만들어주세요. 내가 주장한 내용만큼은 반드시 지키겠다는 굳은 각오로 미장센을 살려준다면 여러분 브랜드는 몰스킨처럼 아주 강력하게, 오래도록 사랑받을 수 있을 겁니다.

상품과 작품의 차이가
뭐냐고요?

대부분의 판매자는 고객이 상품을 산다고 생각하지만 이건 아주 큰 오산입니다. 고객은 상품이 아니라 생각을 삽니다. 자, 두 가지 종류의 공깃밥을 보여드리겠습니다.

일반으로 식당에서 사용하는 공깃밥과 빨간색을 띄는 공깃밥

우열을 가리려는 의도는 전혀 없습니다. 어느 쪽이 더 마음에 드시냐고 여쭙지도 않을 겁니다. 여러분은 두 사진을 보는 순간 이미 결

정을 하셨으니까요. 달콤한 백미를 좋아하는 분들은 왼쪽, 스페셜하고 새로운 경험을 하고 싶은 분들은 오른쪽. 우린 여태 이걸 상품이라 생각해 왔습니다.

그냥 흰쌀 공깃밥 vs 빨간 버터 공깃밥

하지만 냉정히 따져보면 우리가 선택한 건 상품이 아니라 이 상품을 만든 사장의 생각입니다. 그러니 결국 우리가 사는 건 상품이 아닌 생각인 겁니다. 그러니 정말 브랜딩에 성공하고 싶다면 사랑받을 생각을 만들어야 합니다. 인간은 뻔하고 흔한 것보다 새로운 걸 좋아합니다. 어느 곳에서나 만날 수 있는 것보다는 희귀한 걸 더 소중하게 생각합니다. 그러니 제발 사야 할 이유를 만드세요. 다른 브랜드를 포기하고 여러분을 선택해야 하는 이유를 만드세요.

열에 아홉은 상품부터 생각합니다. 기능과 성능을 올려서 더 많이 선택받기 위해 애를 씁니다. 대부분 이런 고민을 하다 보니 의식의 흐름이 비슷합니다.

상품 ⇨ 어떻게 다르게 만들지? ⇨ 참, 왜 만들었지?

일반적인 흐름대로라면 판매자는 상품에 집중하고 상품을 개발하고, 상품을 홍보합니다. 생각은 뒷전입니다. 그러니 상품만 보이고 왜 이걸 사야 하는지 사연이 보이지 않는 겁니다. 그런데 이 사고의 흐름을 한 번 바꿔보겠습니다.

왜 만들어야 하지? ⇨ 어떻게 다르게 만들지? ⇨ 상품

여기서 '왜'는 명분입니다.

"아내가 고생하는 걸 더 이상 보고 싶지 않아서 개발했습니다."
⇨ 식기세척기

"아이들 손이 선풍기 날개에 다치지 않았으면 해서 만들었습니다."
⇨ 다이슨

"브랜드를 좀 더 유명하게 만드는 데 도움을 드리기 위해 썼습니다."
⇨ 페이머스 : 당신의 브랜드는 좀 더 유명해질 수 있습니다

생각을 이야기해야 귀를 기울입니다. 생각을 전달해 줘야 공감합니다. 생각이 구체적으로 드러나면 가지고 싶고 사고 싶어집니다. 어찌 보면 브랜딩Branding의 ing는 '생각 만들기'인지도 모르겠습니다. 수업을 듣던 제자 중 한 명이 무릎을 치더니 저에게 이러더군요.

"선생님, 저 중식당 시작할래요."
"아니 웬 중식당?"
"생각이 떠올랐어요."

이렇게 만들어진 브랜드가 몽중식입니다. 부부는 늘 생각에 잠깁니다. 어떻게 하면 군만두에 생각을 넣을까? 어떻게 하면 국수에 생각을 담을까? 그래서 아무 생각 없이 '군만두입니다', '탕수육입니다', '볶음밥입니다'라고 이야기하지 않습니다.

"무간도에서 류덕화가 먹었던 볶음밥을 재현했습니다."
"영웅본색에서 주윤발이 먹었던 고기 튀김을 만들어봤습니다."

같은 음식이라도 받아들이는 강도가 다릅니다. 그저 그런 상품이 아니라 무언가 소중하고 귀중한 생각이 들어간 작품이구나 이렇게 생각을 합니다.

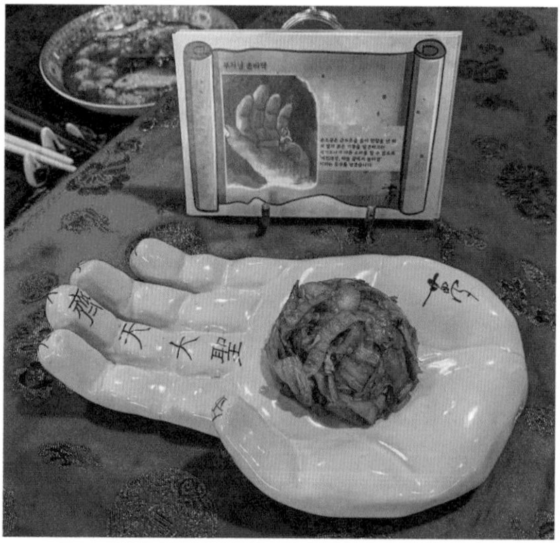

생각이 담긴 작품을 만드는 〈몽중식〉

그래서 상품과 작품의 차이가 뭐냐고요? 아무 생각 없이 찍어내는 걸 상품이라고 하고, 하나하나 내 생각을 집요하게 담은 걸 작품이라고 합니다. 그렇다면 여러분은 상품을 만들고 싶으신가요, 아니면 작품을 만들고 싶으신가요? 지구상에 살아남은 그리고 지금 이 순간에도 급부상하고 있는 브랜드들은 대부분 상품이 아니라 작품을 만들고 있습니다.

브랜딩의 핵심은 이름을 알리는 것, 즉 유명해지는 겁니다. 그러니 유명해지려면 딱 하나 잊지 마세요.

생각이 담긴 '작품'을 만드세요.

컨셉의 꽃,
패키지

마케팅과 브랜딩의 차이, 기억하시죠? 마케팅은 상품을 팔고, 브랜딩은 이름을 알리는 거다. 이렇게 구분은 했지만, 사실 브랜딩도 큰 의미에서는 팔리고자 이름을 알리는 겁니다. 팔리기 위해 호감을 얻고 친근감을 쌓고 유명해지려는 거잖아요. 그런 의미에서 브랜딩의 마침표, 패키지에 대해 설명드리겠습니다. 보통 마케팅 전략 중에서 '마케팅 믹스 4P'를 많이 언급합니다. 4P를 구성하는 4가지 핵심 요소인

PRODUCT,

PRICE,

PROMOTION,

PLACE,

여기에 전 하나를 더해 5P를 제안하고 싶습니다.

PACKAGE.

패키지는 프로덕트에 포함되는 거 아니냐 의아해하실 분들도 계시겠지만 패키지는 하나의 영역으로 인정받아도 될 만큼 그 중요성이 높아지고 있습니다.

비슷한 내용물이지만 패키지가 다른 두 개의 상품

두 패키지에 담긴 내용물은 사실 별반 차이가 없습니다. 중량도 가격도 성분도요. 그러나 사람들에게 고르라고 하면 오른쪽 패키지에 대한 평가가 더 좋을 겁니다. 이유는 간단합니다. 생각 덕분입니다.

평범하지 않은 생각.

노동력이 더해진 생각.

처음 경험해 보는 생각.

좀 더 재미있는 생각.

사람들은 이 생각에 후한 점수를 줍니다. 게다가 친근하기까지 합니다. 만약 저 여성의 얼굴을 파스타 장인이나 어머니 혹은 할머니 모델로 바꿨다면 더 높은 평가를 받을 수도 있습니다.

이런 생각을 만들기 위해서는 철학이 필요합니다. 사물을 어떻게 바라보는지에 대한 생각. 종이를 종이로 보지 않고, 유리병을 유리병으로 보지 않는 아주 특별한 시각. 그리고 각오.

저희 브랜드는,

족발이 아닙니다.

두부가 아닙니다.

파스타가 아닙니다.

만두가 아닙니다.

그럼 뭔데? 어떤 철학을 보여주고 싶은데? 수업을 들은 제자들에게 준 선물입니다.

저희 브랜드는,

족발이 아닙니다. 보약입니다.

두부가 아닙니다. 선물입니다.

파스타가 아닙니다. 보석입니다.

만두가 아닙니다. 역사입니다.

이렇게 가치 있고 + 남다르고 + 특별하고 + 이제껏 없었던 생각으로 무장해야 패키지가 바뀝니다. 아니 패키지를 바꿀 용기가 생깁니다.

한약 패키지에 담긴 특제소스

보약처럼 달였다면 최소한 패키지는 이렇게 바뀌어야 맞습니다. 하얀 비닐봉지에 내 건지, 앞집 건지, 편의점에서 산 건지 모르게 담아주지 마시고, 이런 섹시한 패키지에 담아야 충격을 받습니다. 생각이 담긴 패키지에 담아 보내야 이 짜릿한 경험을 지인들에게 실어 나릅니다. 스스로 바이러스를 전파하는 초강력 숙주가 되어서 말입니다. 네? 패키지 비용 더 들어가면 이익금이 줄지 않냐고요? 별걱정을 다 하십니다.

> "동일한 상품을 더 비싼 가격에 팔면 외면하지만
> 극강의 디테일로 무장한 작품을 비싸게 팔면 고개를 숙입니다."
>
> 김유진 저, 〈당신의 가격은 틀렸습니다〉

고객은 받은 만큼 냅니다. 더 받을 자격이 있다는 생각이 들면 묻지도 따지지도 않고 지불합니다. 어차피 고객이 누리고 싶은 혜택입니다. 난 그의 만족을 도와주는 사람이고요. 그러니 그 노동력은 보상을 받아야지요. 얼른 볼펜 꺼내세요. 그리고 패키지에 담길 새로운 주장을 만드세요.

축복, 선물, 감사, 럭셔리, 로얄, 하이테크, 작품….

여러분이 새로 고른 브랜드 에센스에 걸맞은 패키지를 찾아서 그저 그렇고 의미도 재미도 없었던 패키지를 싹 다 뒤집어 보세요. 짜릿하실 겁니다.

KICK

배달의민족 자란다데이에서 강의를 한 일이 있습니다. 전국에서 선발된 국가대표급 사장님들을 앞에서 허심탄회하게 제 심정을 이야기했습니다.

"제발 부탁입니다. 하얀 비닐봉지 좀 바꾸세요. 왜 굳이 애를 써서 옆집과 같아지려고 노력을 하세요?"

아무나 살 수 있고, 누구나 사용할 수 있고, 모두와 비슷해 보이는 '쉬운' 물건들이 브랜드를 무너뜨립니다. 정말 안타까운 건 '다들 이거 쓰잖아요', '이 정도면 괜찮지 않아요?'라고 위안하며 서로를 닮아가고 있다는 겁니다. 그래서 봉투 좀 바꾸자고 목청 높여 말했습니다. 내 브랜드에 생각을 넣으면 어떻게 패키지가 바뀔 수 있는지 보여드리도록 하겠습니다.

전 초콜릿을 참 좋아합니다. 스트레스를 받으면 달콤한 악마를 한 조각 입에 넣습니다. 눈을 지그시 감고 혀 위에 올려놓은 초콜릿을 입천장으로 올린 뒤 조심스럽게 문댑니다. 그중에서도 킷캣을 좋아합니다. 처음부터 끝까지 초콜릿이었으면 심심했을 겁니다. 스르르 녹다가 '짠'하고 등장하는 바삭한 과자가 의외의 재미를 선사합니다. 리듬감이 참 좋습니다.

킷캣은 브랜딩도 기가 막히게 잘합니다. 스스로를 응원의 대명사로 각인시켰습니다. 경쟁자들이 카카오가 어떻고, 공정무역이 어떻고, 함량이 어떻고, 레시피가 어떻고… 고객은 별로 궁금해하지도 않는 얘기만 할 때 킷캣은 영악하게 응원의 메시지를 초콜릿에 새겼습니다.

"평소처럼! 자신의 페이스로!"라고 쓰여진 킷캣

힘내자. 응원한다. 포기하지 마. 최고를 만들자. 꼭 잘될 거야. 괜찮아. 이렇게 초콜릿에 응원의 메시지를 넣어 완전히 다른 스타일을 만들어냈습니다. 말씀드렸죠? 스타일은 생각에서 나온다고. 브랜딩학교 수업 시간에 강조하는 내용이 있습니다.

"브랜드에 새로운 생각을 넣자.
강력한 메시지를 넣자.
새로운 재료를 넣자.
패키지에 철학을 넣자."

브랜딩 4계명을 능숙하게 수행한 킷캣은 이후 아주 훌륭한 사고를 많이 칩니다. 회사가 마음대로 결정한 응원 메시지 대신 고객이 직접 응원 메시지를 넣을 수 있도록 박스에 빈칸을 만들어줬습니다.

직접 응원의 메시지를 적을 수 있는 킷캣의 패키지

연타석 홈런을 날린 그다음 타석에서 정말이지 상상도 할 수 없는 플레이를 보여줍니다. 킷캣 박스에 우표를 붙이면 정식 우편물로 배송이 됩니다. 킷캣 상자 자체를 우편 규격 봉투로 만들어 직접 메시지를 적어 편지처럼 보낼 수 있게 플레이를 한 겁니다. 초콜릿도 반가운데 세상에 손 글씨 편지까지, 이제 킷캣은 그냥 초콜릿이 아닙니다. 마음입니다. 정입니다. 절절한 사랑입니다.

생각이 바뀌면 패키지가 바뀝니다.
패키지가 바뀌면 브랜드의 가치가 바뀝니다.

킷캣의 질주는 멈추지 않습니다. 제 책상 앞에 붙어있는 포스트잇의 내용이 '쓰레기를 보물로 만들자'인데 킷캣이 제대로 현실화했습니다. 우리가 살고 있는 푸른 지구를 지키기 위해 분해가 가능한 종이 포장지로 바꿉니다. 여기까지는 그럴 수 있겠다 싶습니다. 다들 하는 거니까요. 하지만 이 천재적 브랜드는 포장지를 버리기 아깝게 만들었습니다. '아니, 포장지를 버리기 아깝다니 무슨 소리야?' 하실 겁니다. 자, 아래의 사진에 주목해 보세요. 소름이 돋을 겁니다.

킷캣의 포장지로 만든 종이학

종이로 바꾼 포장지 뒷면에 '종이학 만들기' 설명서를 인쇄해 소비자 입장에서는 버려야만 했던 쓰레기를 학으로 만들도록 '넛지' 했습니다. 이걸 어떻게 이깁니까? 이제껏 없었던 경험에 매료된 소비자들은 너나 할 것 없이 학을 접으며 이런 생각을 했습니다.

"이런 귀신 같은 브랜드를 봤나! 지구도 살리고 브랜드도 살리다니!", "도대체 어떤 천재가 만든 아이디어야?"라고 감탄을 하면서 다들 킷캣을 입에 물고 학을 접었습니다.

브랜딩은 이런 겁니다. 남들 다 하는 방식으로 생각하면 도저히 도드라질 수 없습니다. 이렇게 생각을 철학을 그리고 메시지를 넣을 용기가 생겨야 루이비통 가방에 한우를 넣을 수 있습니다.

루이비통 가방에 담긴 한우

생각하세요.
그리고 세상에 드러내세요.
모두가 볼 수 있게 말입니다.

4

고통해결

비타민보다 진통제

FAMOUS

공무원 시험 합격은?

고통 속에 비즈니스의 답이 있다고들 이야기합니다. 고객들의 고통과 불편을 없애주면 누구나 중독되기 때문일 겁니다. 나의 고통과 불편을 없애준 브랜드는 꼭 기억합니다. 왜? 비슷한 고통과 불편을 당했을 때 다시 찾고 싶으니까요. 근사하고, 아름답고, 어마어마하고, 처음 경험해 본 상품과 서비스도 뇌 속에 고이 간직하지만, 고통을 없애주는 해결사도 즐겨찾기에 꼭꼭 저장해둡니다.

"공무원 시험에 합격하려면?"
"두통이 생기면?"
"집에 불이 나면?"

열에 아홉은 에듀윌, 타이레놀, 119라고 대답할 겁니다. 반복 학습의 결과이기도 하지만 수많은 브랜드와 숫자 중 떠오르고, 기억되는 것들은 나를 살릴 가능성이 높은 것들입니다. 나를 위험에서 구해줄 해결사 말이죠. 그러니 여러분도, 여러분 상품도 질이 좋다, 맛이 끝내준다, 퀄리티가 장난 없다 같은 먹히지도 않을 주장이나 제안만 하지 마시고 과거, 현재 그리고 미래에 고객이 경험했던, 하고 있는, 앞으로 하게 될 고통과 불편 그리고 고민에 집중하세요.

당신이 시설 좋은 스터디카페의 사장이라 칩시다. 대국민 담화를 발표할 기회를 준다면 차별화라고 생각해 첨단시설에 대한 자랑을 늘어놓을 겁니다. 그런데 말입니다 가만 생각을 해보세요. 스터디 카페에 가는 궁극적인 목적은 무엇일까요? 집중? 쾌적? 행복? 아닙니다. 성적이에요. 성적을 올려야만 정신적으로 육체적으로 고통스럽지 않거든요. 집이나 학교, 직장에서 불편하지 않거든요. 그래서 공부하러 가는 겁니다. 그런데 이런 변죽만 울립니다.

24시간.
커피 및 음료 무한 리필.
최신 인테리어.
위생적인 화장실.

물론 간접적으로는 영향이 있겠지만 우리 브랜드의 특장점이라고 내세운 위 요소들이 성적을 올리는 데 직접적인 영향을 주나요? 시험을 통과하는 데 결정적인 역할을 하나요? 어림도 없는 소리예요. 그놈의 차별화가 문제입니다. 문제의 근본을 파악하고 해결해 주어야 하는데, 하나라도 달라 보여야 한다는 부담 때문에 일을 이런 식으로 그르칩니다. 직관적이어야 합니다. 우린 당신이 성적을 올리고 시험에 패스하고 승진할 수 있도록

개인 멘토링 서비스를 하고 있다.

족보를 제공한다.

학원, 선생님 등과 매칭 서비스를 운영하고 있다.

당장에 그 문제를 해결하고 싶다면 나를 찾아와라. 이래야 머리와 심장에 인두질을 합니다. 고민과 불편 그리고 고통을 해결해 주는 대상이라면 미친 듯이 적고 싶고, 잊어버리고 싶지 않고, 또 찾고 싶어집니다.

여러분은 고객의 어떤 고통, 불편을 없애주실 수 있으신가요?

고객을 게으르게 만들어주세요

기억나시죠? 내 고민, 문제, 불편을 없애준 브랜드는 은인처럼 잊지 못한다는 이야기. 언젠가 닥칠지 모르는 그 상황 때문에 문제를 많이, 그것도 빨리 해결해 주는 브랜드는 홍보하려고 애쓰지 않아도 소비자들이 알아서 볼펜을 꾹꾹 눌러가며 기록을 해 둡니다. 팁을 하나 더 드리자면

설득하고 싶은 대상을
아주 많이 게으르게 만들어주세요.

고통과 불편을 없애준 브랜드도 오래도록 기억하지만 지금 당장 해야만 하는 일들을 나 대신 해주는 브랜드도 머릿속에 인두질해 둡니다. 아래에 적혀 있는 브랜드들의 공통된 특징이 무엇일까요?

배민, 직방, 야놀자, 토스, 마켓컬리, 오랄비, 네스프레소, 세탁특공대

정답은 바로 대신해 주는 브랜드들입니다.

음식점을 찾아가서 먹어야 할 수고를 배달을 통해 대신해 주고,
일일이 방을 찾아다녀야 하는 고생을 대신해 주고,
전국 방방곡곡에 숨어있는 놀거리들을 대신 찾아주고,
각기 다른 은행에 가서 송금해야 하는 번거로움을 대신해 주고,
장 보러 가는 걸 대신해 주고,
이를 닦기 위해 팔을 위아래로 저어야 하는 귀찮음을 대신해 주고,
커피를 대신 뽑아주고,
세탁소 가야 하는 짜증을 대신해 줍니다.

인간은 본능적으로 에너지 소모를 싫어합니다. 아주 오래된 코딩이라고 합니다. 평상시 에너지를 비축해 두어야 사냥과 위급 상황에 대비할 수 있도록 프로그래밍 되어 있다고 과학자들은 이야기합니다. 그래서 내가 들여야 하는 시간, 노동력, 고민, 처리, 과시, 지배 등을 누군가 대신해 주면 그 브랜드는 잊지 않습니다. 사업에만 해당되지 않습니다. 만약 여러분이 취업을 준비하고 있다면 마냥 스펙만 쌓을 일이 아닙니다. 복제인간처럼 비슷한 스펙으로는 절대 차별화될 수 없습니다. 영어 점수가 몇 점이고, 연수를 다녀왔고, 자격증이 몇 개고, 봉사활동을 끝내주게 했고…. 이런 주장은 면접관들을 피곤하게 만들 뿐입니다. 대신 그들의 뇌리에 꽂힐 수 있도록

당신이 무엇을 대신해 줄 수 있는지?

회사의 어떤 부담을 줄여줄 수 있는지?

당신 덕분에 기업이 편해질 수 있는지?

선배들을 게을러지게 만들 수 있는지?

이 점에 포커스를 맞춰야 합니다. 브랜드 기획자라면 최소한 기능과 성능을 업그레이드했으니 일단 한 번 쓰고 보라는 안이한 제안은 하지 맙시다.

당신의 상품과 서비스로 소비자가 얼마나 게을러질 수 있는지, 얼마나 많은 일을 대신해 줄 수 있는지를 확실히 알려주세요.

"고등어구이도 살 발라 드립니다."

"발레파킹 해주는 순댓국집이에요."

"픽업서비스 해드리는 네일숍입니다."

"저희 양복점은 매달 드라이를 해드립니다."

"휴가 가실 수 있도록 매장을 운영해 드립니다."

"매일 아침 코디법을 전송해 드려요."

"먹은 그릇을 대신 치워드리는 푸드코트입니다."

고객이 가장 귀찮아하는 일을 대신해 줘서 고객을 게으르게 만들어주세요.

당신을 돕기 위해 만들었습니다

공전의 히트작 마약 베개를 아시나요? 저도 한동안 매일 끌어안고 잠자리에 들 정도였습니다.

인생의 3분의 1을 피부에 대는 베개인데 대부분 너무 더럽다.
직접 빨아 쓸 수 있다.
베개 속 마이크로 비즈가 움직임을 흡수해 준다.
곰팡이와 진드기 등 세균을 억제해 준다.
안정적인 수면 자세로 질 좋은 수면을 돕는다.
옆으로 누워도 숙면을 취할 수 있다.

마약 베개가 내세운 특장점 여섯 가지입니다. 캠페인에 따라 한두 개가 더 붙기도 하고 빠지기도 합니다만 골자는 이렇습니다. 베개가 생각보다 아주 더럽다는 위협소구도 있고, 직접 세탁이 가능하다는 새로운 경험도 제안하고, 질 좋은 숙면을 취할 수 있다는 구매 후 미래를 보여주기도 했습니다.

브랜딩에 성공하려면 내가 뭘 잘했다가 아니라, 고객에게 '당신이 ○○ 할 수 있다'를 제시해야 합니다.

브랜딩에 성공하지 못하는, 즉 고객의 뇌 속에 입력되지 못하는 거의 대부분의 브랜드는 그저 자기 이야기만 합니다. 좋은 성능이다. 기능을 업그레이드했다. 우린 뛰어나다. 그런데 어쩌죠? 고객은 관심 없습니다. 이런 주장을 하는 판매자들이 너무 많아서. 대신 그 상품과 서비스로 고객인 내가 무엇을 할 수 있는지는 엄청 관심이 많습니다.

비용을 줄일 수 있다.

번거로움을 없애준다.

불편이 사라진다.

고통이 없어진다.

그러니 상품과 서비스를 개발했다면 다시는 바보 같은 주장을 반복해서는 안 됩니다. 대신 무조건 이렇게 이야기해 주세요.

당신을 돕기 위해 만들었습니다.

"최고의 테크닉이 집약된 베개입니다."(×)

"당신의 숙면을 돕기 위해 개발한 베개입니다."(○)

어떤 카테고리의 상품과 서비스라도 '당신'을 돕기 위해 태어났다고 콕 집어서 가르쳐주세요.

당신의 회식을 돕기 위해 태어난 삼겹살.

당신의 데이트를 돕기 위해 태어난 와인.

당신 아들의 합격을 돕기 위해 태어난 홍삼.

당신의 승진을 돕기 위해 태어난 USB.

마법의 키워드 '당신을 돕기 위해' 절대 잊지 마세요.

내 브랜드를 알리는 가장 빠른 방법

지구상에 사는 대부분의 사람들은 당신과 당신의 브랜드에 아무런 관심이 없습니다. 그래서 어떠한 의견도 가지고 있지 않습니다. 그래야 할 이유가 없으니까요. 당신이 그들을 위해 어떤 도움을 드렸나요? 생명을 건져 주셨나요? 생활 환경을 개선해 주셨나요? 지금 겪고 있는 불편과 고통을 해결해 준 일이 있습니까? 없다면 당신에게 관심을 가질 이유도 없는 겁니다. 의심이 간다면 그 어떤 채널이라도 좋으니 물어보세요.

"혹시 제 브랜드에 대해 궁금하신 분?"
"여러분은 제 브랜드에 관심을 가지고 계신가요?"

아무런 반응이 없다고 크게 충격 받으실 필요는 없습니다. 어차피 나나 내 주변 사람들이나 다 비슷한 처지니까요. 만약 여러분 브랜드에 관심을 갖게 만들고 싶다면 관심을 갖지 않을 이유를 다 없애주면 되지 않을까요?

지구를 구해주거나,
생명을 살려주거나,
생활을 도와주거나,
돈을 벌게 해주거나,
노고를 대신해 주거나.

고객이 빠져나갈 수 없게 이 대안들을 여러분 브랜드와 상품 그리고 서비스에 입혀주세요. 잘 닦이는 세제보다는 지구도 살리고 인간도 살리는 세제가 더 꽂히지 않겠습니까? 축구 교실 원장님인데 아이들에게 슈팅만 잘 가르치는 게 아니라 인성까지 체크해 준다면 부모님들이 알아서 소문을 내줄 겁니다.

사지 않아야 할 이유를 사야 할 이유로 바꿔주면 기억하고 싶은 브랜드가 됩니다. 그나저나 이렇게 완성한 상품과 서비스는 그리고 브랜드는 어떻게 알려야 최대한 빨리 유명해질까요? BTS와 뉴진스가 사용 후기를 올려주고, 신동엽 씨가 인증샷을 찍어주고, 나영석 PD가 극찬을 하면 됩니다. 그러나 전생에 나라를 두 번쯤 구했으면 모를까 그런 일은 거의 일어나지 않습니다. 여러분이 이 정도 능력과 운을 타고 나지 못했다면 죽어라 눈품, 손품을 팔아야 합니다.

자영업 오너라면 네이버 플레이스에 매일 새 소식 쓰기.
해외 고객들까지 끌어들이고 싶다면 구글에 사진 1,000장 올리기.
끝내주는 상품을 가지고 있다면 인스타그램에 매일 콘텐츠 올리기.
좀 더 진한 관계를 원한다면 SNS에서 적극적으로 소통하기.

전세계에 브랜드를 알리고 싶다면 유튜브에 동영상 채워 넣기.
MZ세대를 내 편으로 끌어들이고 싶다면 틱톡 도배하기.

이 채널들 전체를 내 브랜드의 신문사와 방송국으로 활용한다면 단 1%라도 주목받을 가능성이 높아집니다. 네? 이미 해봤는데 별 반응이 없다고요? 아직은 디지털 외톨이니 당연하죠. 능청맞게 온라인에 부캐 하나 키우세요. 넉살 좋게 인플루언서들에게 다가가 친구 신청하시고, 열심히 댓글 달고, 매일 인사하러 다니세요. 선거철 정치인들처럼 말입니다. 자주 노출되면 친숙해집니다. 친숙해지면 더 다가갈 수 있습니다. 단 한 사람이라도 더 여러분 브랜드를 입에 올려야 빨리 유명해질 수 있습니다. 당신들의 불편과 고통은 나한테 맡기라고, 지불한 비용이 아깝지 않게 만들어주겠다고, 아낌없이 대신해 줄 테니 언제든 내 브랜드를 찾아오라고 말입니다.

몰라서 안 오는 겁니다.
알지 못하니 사지 않는 겁니다.
관계가 없으니 거래하지 않는 겁니다.
Just say it. 일단 말을 거세요.

인간은 보이는 것만 믿습니다

열에 아홉, 아니 백에 아흔아홉은 자신의 브랜드와 상품 그리고 서비스를 지나치게 사랑합니다. 어디서 나온 자신감인지 모르겠지만 그 누구 앞에서도 자신 있다는 소리를 당당히 합니다. 이런 분들을 보고 있으면 답답합니다. 세상에 고수가 많은데…. 80점도 주기 아까운 퀄리티인데…. 안타깝지만 아는 만큼만 보이는 법. 더 큰 세상을 보지 못했기에, 더 강력한 고수를 만나지 못했기에, 하룻강아지 범 무서운 줄 모르고 자신 있어 하는 겁니다.

이런 근거 없는 자신감이 고객을 지치게 합니다. 슬픈 사실은 내 브랜드를 객관적으로 분석하지 못한 채 명확한 기준도 없이 기능과 성능을 올리기 위해 뚫어져라 내 것만 본다는 겁니다. 단추, 지퍼, 방수, 숙성, 최신형 모니터, 업그레이드된 스마트폰, 종합비타민…. 그런데 말입니다, 비극적이게도 당신 브랜드의 상품과 서비스를 사줘야 할 고객들은 당신에게 관심이 없고

오로지 본인에게만 관심이 있습니다.

제조자가 뭘 만들든 판매자가 무슨 소리를 하든 오로지 '내가 구매를 하면 어떻게 되는지'만 생각합니다. 네, 독할 정도로 이기적입니다. 인류 역사만큼이나 오래된 본성이니 설득이 쉽지 않습니다. 그래서 지난 수천 년간 설득을 위해 참 많은 연구를 해왔습니다. 특히 현대 사회에 접어들면서 경쟁은 그 끝이 보이지 않을 정도로 치열해지고 있습니다. 어떻게 하면 내 브랜드를 기억하게 해서 반복적으로 구매하게 만들까? 또 한 번이라도 브랜드를 경험해 본 고객이 전도사가 되어 우리 브랜드를 전투적으로 알릴 수 있을까? 반복되는 실험 속에서 꽤 의미가 있는 답을 찾아냈습니다.

'우리 브랜드 좋아요'라고 설명하는 방식보다는 그 브랜드를 사용하면 얼마나 행복해지는지? 만족할 수 있는지? 주목받을 수 있는지? 과시할 수 있는지? 치밀하게 보여주는 것이 효과적이라는 사실을 말입니다.

맥주 광고에 파티 장면이 나오고, 가전제품 광고에 행복한 가정이 등장하고, 나이키 광고에 있어 보이는 마니아들이 등장하는 데는 다 이유가 있습니다. 고객은 기능과 성능보다는

구매하면 내가 어떻게 변할 수 있는지
미래를 더 궁금해합니다.

어떤 실로 만들었는지보다 그 양복을 입으면 어떤 관계를 맺고 어떤 대접을 받을 수 있는지가 더 중요한 선택 포인트입니다. 그래서 귀신 같은 마케터들이 미래를 보여주는 겁니다. 자유를 찾아 떠나는 드

라이버, 통쾌하게 웃는 두통 환자, 페스티벌을 즐기는 청춘 남녀들까지. 이렇게 될 수 있으니 우리 브랜드를 믿고 일단 한 번 사용해 봐, 일단 한 번 먹어봐, 우리 브랜드는 이런 마력을 가지고 있어라며 끊임없이 속삭입니다.

자, 배웠으면 응용해야지요. 여러분의 상품과 서비스를 구매하면 어떻게 되는지 결과물을 보여주세요. 그 옷을 구매하면 어떻게 되는지? 그 삼겹살을 먹으면 어떤 결과가 만들어지는지? 그 호텔에서 묵으면 어떤 만족을 얻을 수 있는지? 그 스마트폰을, 약을, 병원을, 풀장을, 사우나를 사용하면 어떻게 되는지 아주 디테일하게 보여주세요. 여러분만 아는 기능 성능 이야기 말고요. 생각해 보세요. 아스파라긴산 덕분에 숙취가 빨리 해소된다는데, 정작 그 모습은 보여주지 않고 말만 합니다. 메밀에 들어있는 루틴 성분이 전립선에 좋다는데 섭취 후 변화될 고객의 모습은 정작 보여주지 않습니다. 그래서 멀게만 느껴지고 설득이 쉽지 않은 겁니다.

인간은 보이는 것만 믿습니다.
그리고 믿고 싶은 것만 봅니다.

브랜드는
냉장고가 돼야 한다

우리 생활에서 냉장고가 사라진다면? 상상도 하기 어렵습니다. 1년의 3분의 2는 시어빠진 김치를 먹어야겠죠? 얼음은 꿈도 꿀 수 없습니다. 냉장 냉동을 할 수 없으니, 생선도 생물 혹은 건조만 먹을 수 있겠죠? 우유는 하루 안에 다 마셔야 하고, 과일을 보관하느라 직사광선이 들지 않는 서늘한 곳은 빈자리가 없이 빼곡하겠죠? 그나저나 아이스크림은 어떻게 보관해야 할까요? 늘 그 자리를 묵묵히 지키다 보니 존재 가치를 느낄 수 없었던 친구, 냉장고는 우리에게 그런 존재입니다. 그깟 냉장고, 한낱 냉장고, 그냥 냉장고가 아닙니다.

태어나줘서 고맙고,
있어 줘서 다행이고,
없어지면 아주 고통스러워지는,
인간에게는 떼려야 뗄 수 없는 공기 같은 존재.

여러분의 상품과 서비스는 어떠세요? 여러분의 브랜드는요? 과연 소비자들에게 냉장고만큼 중요한 의미를 갖나요? 고객이 여러분 상품이 없어서 미치고, 환장하고, 생활이 불가능해지고, 일상이 엉망진창이 되나요? 그런 존재가 되기 위해서 우린 어떤 마인드로 무장해야 할까요?

그림을 한 번 그려볼까요? 어느 날 갑자기 당신의 브랜드가 사라졌습니다.

1. 불편해져야 합니다.

경쟁 브랜드에서도 누릴 수 있는 흔하디흔한 상품과 서비스라면 당신 브랜드의 부재로 고통스럽지 않을 겁니다. 늘 자신을 맡기고 의지할 수 있는 브랜드여야만 사라졌을 때 힘들어집니다.

2. 더 많은 비용이 들어야 합니다.

인간은 비용에 비해 혜택이 커야 가치가 있다고 판단합니다. 여러분의 브랜드가 사라지면 소비자들의 비용이 더 커져야 부재의 빈자리를 더욱 크게 느낍니다. 돈이 더 들어가고, 시간도 더 걸리고, 고민도 더 하게 되면 그 브랜드가 더 간절해질 겁니다.

3. 그들의 일이 많아져야 합니다.

그동안 미리 해주기, 대신해 주기, 더 많이 해주기 덕분에 편안했던 소비자들의 일이 많아져야 합니다. 스스로 굽고, 닦고, 자르고, 기다리고, 정리하고, 구매하고, 버리고, 해결할 일이 더 많아지면 여러분의 브랜드가 그리워질 겁니다. 간절해질 겁니다. 몹시도 갈망하게 될 겁니다.

이렇게 귀한 맛이 있어야 하겠습니다. 생활에 꼭 필요한 필수품이 되어야 하고요. 여러분의 상품과 서비스로 세상을 바꿀 수 있고, 너나 할 것 없이 경험함을 자랑할 수 있어야 합니다. 여러분의 공간이 그 사람들의 아지트가 되고, 보유하고 있다는 것만으로 선망의 대상이 되면 더욱 좋겠죠. 인생이 즐거워지고, 일부가 아닌 모두가 아끼고 사랑하고, 세상이 열광하면 더할 나위 없을 겁니다. 자, 지금 당장 시작해 보시죠. 당신의 브랜드가 없으면 미치게 될 세상 이야기.

타겟을 좁혀라

훌륭한 브랜드들은 고객을 편하게 만듭니다.
대단한 브랜드들은 고객에게 더 큰 이익을 줍니다.
끝내주는 브랜드들은 고객의 문제를 해결해 줍니다.

그러나 가장 강력한 브랜드들은

고객에게 고통과 불편을 가르칩니다.

천재로 불리는 기업가들은 어제까지의 불편을 없애줍니다. 질질 끌고 다니던 진공청소기 줄을 없애줍니다. 차세대 테크닉들을 동원합니다. 그리고 이에 걸맞은 디자인을 뽑아냅니다. 그런데 예비 고객들의 의견이 갈립니다. 모두의 기준이 같을 수 없으니까요.

"이야, 기가 막힌데?"
"무슨 소리야, 저런 게 청소가 될 리 없지."

이런 판단들에 아랑곳하지 않고 가장 먼저 소비를 해보는 이들이 전체 소비자의 2.5%인 이노베이터입니다. 이분들은 성능이 좋냐 나쁘냐보다, 제일 먼저 소비했다는 경험에 열광합니다. 이후 13.5%의 얼리어답터들이 뛰어들어 장단점을 분석합니다. 이들의 입김에 따라 제품이 상품이 되기도 하고 사장되기도 합니다. 이 시점에서 슬슬 대중들이 움직이기 시작합니다. 나도 한 번 써볼까? 물론 소비자의 상당수는 눈도 꿈뻑 안 합니다. 죽어도 쓰지 않을 겁니다. 생각이 완전히 다르니까요. 그들에게는 필요하지 않으니까요. 아니, 그렇게 스스로를 설득하니까요. 반면 신상품을 경험한 선배 소비자들은 직접적 간접적으로 과시를 합니다. 이 단계에서 구매자와 비구매자의 의견이 큰 폭으로 벌어집니다. 기 경험자들은 줄 없는 청소기 덕분에 생긴 시간과 노동력을 강력하게 자랑합니다. 이를 바라보고 있는 미경험자들은 아이러니하게도 생각지도 않았던 고통을 선물 받습니다. 몰랐었고, 관심도 없었고, 구매 의사는 더더욱 없던 이들은 선배 소비자들 때문에 상대적 박탈감을 얻게 됩니다. 소비로 생겨난 혜택을 봐버렸습니다. 청소기는 이쯤에서 마무리하고 수건으로 넘어갑시다.

"아직도 아버지랑 같은 수건을 쓰세요?"

브랜딩학교 수업 시간에 가르치는 내용입니다. "사춘기 시절 온 가족이 다 같이 수건을 사용했지요?" 물으면 열에 아홉은 그렇다고 대답을 합니다. 사실 이 질문은 10대 사춘기 소녀들과 20대 젊은 여성들의 이제껏 없었던 관심과 수요를 창출하기 위해 제가 만든 겁니다. 잠시 침묵이 흐르며 '그게 왜 문제인데?'라는 눈빛이 제게로 쏠립니다. 이걸 기다린 겁니다.

"10대, 20대 여성들의 피부와 50대, 60대 아버지의 피부는 다릅니다. 조직도 탄력도 수분도 말이죠. 그래서 필요한 게 사춘기 소녀용 수건입니다."

만약 이 광고를 접한 여성 타겟이 그냥 외면할 수 있을까요? 아닐 겁니다. 당연히 궁금해질 겁니다. 누군가 나를 위해 그리고 우리 젊은 여성들을 위해 애써서 개발했다는데 한 번은 써보고 싶을 겁니다. 이 제품이 나를 위해 개발되었다고 믿게 되면 더욱 애착이 갑니다. 이제 아버지와 함께 썼던 수건과는 결별을 선언하게 됩니다. 사실 없어도 안 써도 그만인 수건이지만 알게 된 이상 궁금해지고, 더 알고 싶고, 써보고 싶고, 사게 됩니다. 없어도 될 '결핍'이 생겼으니까요.

이렇게 '접대용 갈비'도 개발했습니다. 술자리에서 누군가는 계산을 해야 합니다. 자, 오늘 살 사람과 얻어먹을 사람은 이미 정해진 상태입니다. 부탁하는 쪽이 계산을 할 가능성이 아주 높습니다. 메뉴판을 보니 접대용이라는 단어가 보입니다. 가격도 큰 차이가 없습니다. 과연 계산을 해야 하는 입장의 손님이 그냥 일반 갈비를 주문할 수 있을까요? 사는 사람은 생색 나서 좋고, 얻어먹는 사람은 대접받아서 좋고, 사장님은 고가의 상품을 팔아서 좋습니다. 일거삼득입니다. 이 아이디어도 '고객의 고통 가르치기'에서 시작됐습니다. 자, 이 두 분이 몇 주 뒤 다른 고깃집을 갑니다. 그런데 접대용이라는 단어가 붙은 메뉴가 없습니다. 접대용을 경험하지 않았으면 모를까 한 번 느껴본 사람은 '부재의 불편'을 뼈저리게 느낄 겁니다. 그래서 시나리오를 치밀하게 짜야 한다는 겁니다.

웰컴 드링크.

비닐에 포장된 헤어숍 가운.

스팀청소기로 살균 소독하는 화장실.

100% 정수 물로 요리하고 밥 짓는 식당.

손 마사지기까지 준비해 주는 드럼 학원.

골프 비거리까지 고민해 주는 발톱 관리사.

생각 없이 퍼주면 망합니다. 여러분은 제공하는데 경쟁자는 주지 않는 것들이 많으면 많을수록 고객이 나를 떠났을 때 아파집니다. 선물로 받았던 것을 빼앗긴 어린아이처럼 눈가가 촉촉해질 겁니다. 그리고 이내 결심하게 되죠. "내가 다시는 이 브랜드랑 거래하나 봐라!". 고객을 행복하게 만들어 나만 바라보게 만들고 싶으세요? 그럼, 경쟁자가 주지 않은 것만 골라서 제공하세요. 불나방처럼 달려들 겁니다.

이 와인은 참치회와 잘 어울립니다

어느 날 갑자기 '사시미 와인'이 등장했습니다. 전 세계 매스컴이 난리가 났습니다. 너나 할 것 없이 이 와인을 소개하느라 경쟁을 벌였었습니다.

라벨에는 참치가 그려져 있습니다. 출생지는 남호주 애들레이드에서도 비행기로 30분, 자동차로는 온종일이 걸리는 포트 링컨Port Lincoln. 참치를 양식하는 기업형 어민들이 많아 호주 내에서 백만장자 비율이 가장 높은 지역입니다. 이들 중 가장 먼저 와인에 눈을 뜬 건 터비 가문, 1997년 아예 포도밭을 사들입니다. 그리곤 링컨 에스테이트라는 양조장을 세웁니다.

〈링컨 에스테이트〉의 '사시미 와인'

우리도 마찬가지입니다만 양조장에서는 우리 술과 잘 어울리는 식재료를 찾기 마련입니다. 마리아주, 즉 '우리 와인을 이 친구와 마시면 천상의 조화를 느낄 수 있습니다'라는 사실을 가르쳐 주고 싶어 하거든요. 지천으로 깔린 참치와 내 브랜드에서 만들어지는 와인의 마리아주. 어찌 보면 사시미 와인은 이미 운명이 결정되어 있었는지도 모르겠습니다. 그렇게 소비뇽 블랑과 샤르도네를 7:3 으로 배합해 만든 화이트 와인이 탄생합니다. 그리고 자상하게 가르쳐 줬습니다.

"이 화이트 와인은 참치회와 잘 어울립니다."

갈치가 아닙니다. 고등어도 아닙니다. 참치입니다. 이렇게 친절하게 가르쳐주면 브랜딩에 성공합니다. 왜? 진짜 잘 어울리는지 테스트하고 싶어지니까요. 게다가 참치로 비즈니스를 하는 분들이라면 트렌드에 밀릴 수 없죠. 참치에 어울리는 와인이 나왔는데. 사시미 와인은 순식간에 일본 고급 레스토랑들의 시그니처가 되었습니다. 사시미든 스시든 덮밥이든 덴뿌라든 참치를 다루는 집들은 이 와인을 절대로 무시할 수 없게 됩니다. 고객들이 찾으니까요. (참 아쉬운 게 우린 이런 주류 브랜드가 아직 없습니다. 이 책을 읽는 많은 독자분들 중에 김치랑 잘 어울리는 막걸리, 삼겹살과 기가 막히게 어울리는 청주, 한우 등심과 환상의 궁합인 소주를 개발해 주시리라 믿습니다.) 이렇게

고객은 가르치는 겁니다.

이렇게 먹어야 2배 더 맛있다. 이렇게 즐겨야 본전을 다 뽑는다. 이런 방식으로 먹어야 두 배 더 재미있다. 다른 브랜드들이 절대로 가르쳐 주지 않는 우리 브랜드만의 재미. 이걸 자상하게 가르쳐주면 행복해합니다. 그리고 믿고 따라옵니다. 가르쳐줘야 기댑니다. 사람들은 항상 자신이 기댈 만한 대상을 찾고 있거든요.

빨래를 더 쉽게 하도록 도와주는 브랜드.

차가 더 멀리 갈 수 있도록 도와주는 브랜드.

음식을 더 차고 신선하게 보관해 줄 수 있는 브랜드.

촬영장의 분위기를 생생하게 전달해 줄 브랜드.

두통과 치통을 최대한 빨리 사라지게 해줄 브랜드.

발목을 안전하게 지켜줄 브랜드.

인간이 브랜드를 찾는 건 기대기 위함입니다. 그러니 제대로 된 브랜딩을 하고 싶다면 고객에게

"얼른 저에게 기대세요."

"저만 믿으시라니까요? 제가 누굽니까?"

"안전하게 모시도록 하겠습니다."

"절대 후회하지 않으실 거예요."

이렇게 램프 속에서 등장한 지니처럼 여러분 브랜드가 그들을 도울 수 있고 또 돕고 싶어 한다는 사실을 가르쳐주셔야 하는 겁니다.

가르쳐주면 그런 줄 알고 기댈 준비를 합니다. 가르쳐주지 않으면 고객은 모릅니다. 당신 브랜드를 선택해도 되는지, 당신과 거래해도 되는지, 당신에게 기대도 되는지요.

브랜딩은 폼 잡으려고 하는 게 아닙니다.
브랜딩의 임무는 고객을 도와주는 겁니다.
친절하게.
자상하게.
소상하게.

어떻게 되는지
보여주세요

여러분은 왜 래퍼들처럼 큼직한 금목걸이를 사지 않으세요? 이렇게 여쭈면 사야 할 이유보다 사지 않아야 할 이유를 더 많이 내놓으실 겁니다. 하나만 더 여쭤볼까요? 여러분은 왜 모두 스탠리라는 훌륭한 텀블러를 사지 않으세요? 이 질문에 대한 대답의 상당수는 잘 몰라서 일 겁니다.

네, 그렇습니다. 사람들이 당신의 브랜드를 선택하지 않는 이유는

1. 존재를 몰라서.

2. 왜 사야 하는지 몰라서.

존재와 이유, 이 두 가지일 가능성이 높습니다. 그래서 브랜딩의 귀신들은 이 두 가지에 집중합니다.

"아직도 모르세요? 이미 이렇게 많은 사람들이 사용하고 있는데…."

"아직 모르세요?"라고 묻는 캐롯의 보험광고

트렌드에 한참 뒤처진 사람으로 몰고 갑니다. 이미 여러 사람이 선택했다는 걸 강조하면서 사용하도록 만듭니다. 거의 모든 홈쇼핑 채널에서 10 몇만 인분이 판매된 제품이라고 쇼 호스트가 얼굴 근육과 손동작을 빌어 협박 아닌 협박을 합니다.

두 번째 이유는 좀 심각합니다. 필요하지 않은 사람에게 당신의 상품과 서비스를 사도록 조종하기 위해서는 그럴싸한 증거가 필요합니다.

"저희 브랜드를 사용하시면 이렇게 된다니까요."

이 내용을 폼나게 제안해야 합니다. 즉 구매 후 미래를 미리 보여줌으로써 사야만 할 이유를 들이밀어야 기억합니다.

구매 후 미래를 보여주는 맥주 광고

캠핑장에서 휴가지에서 이렇게 즐겁게 파티가 가능하다는 걸 미리 보여줘야 나중에 이런 상황에 닥쳤을 때 여러분 브랜드가 떠오릅니다. 가능한 한 고객을 학습시켜 나만 찾게 만들어야 합니다. 그래서 구매 후 미래를 보여주는 것이 아주 중요합니다.

요새는 '차박'이 붐입니다. 우리 차는 이렇게 엔진 성능이 좋다, 이렇게 주장하면 엔진 성능에 관심 있는 차 마니아들의 주목은 받을지 모릅니다. 하지만 차 성능에는 1도 관심이 없고 그저 애인과 바닷가에서 차박을 하고 싶은 사람은 잡을 수가 없습니다. 그래서 '우리 브랜드의 차를 구매하면 이렇게 행복할 수 있다니까요', 이런 장면들을 자주 제안하는 겁니다. 심지어 차를 서재라고 우기는 브랜드도 있습니다.

그런데 이 사진을 보고 있자니 참 많이 부럽습니다. 수말 아침 실컷 자고 일어나 눈곱도 떼지 않은 채 어제 읽던 만화책을 꺼내는 이

공감을 자아내는 자동차 광고

기분. 왠지 알 것 같습니다. 보고만 있는데도 제가 저 차에 누워 있는 기분이 듭니다.

인간의 뇌에는 거울이 있습니다. 그래서 공감이 가능합니다. 애정하는 드라마 속 여주인공이 암에 걸립니다. 그런데 아무 관계 없는 제 가슴이 찢어집니다. 살인마에게 쫓기는 가족이 있습니다. 어두운 지하실 복도를 숨죽이며 걷는데 제 손에 땀이 납니다. 이역만리 타국에서 열리고 있는 한일 축구 결승전이 중계됩니다. 저와의 물리적 거리는 어마어마합니다. 그런데 마치 현장에 있는 듯 심장이 쫄깃쫄깃 해집니다. '거울 신경세포'라고 하는 뇌 속 거울 덕분입니다. 그래서

인간에게는 공감될 만한 상황을 보여줘야 합니다.

자동차를 샀더니 갑자기 사우디아라비아의 왕자처럼 된다…. 이렇게 터무니없는 상황만 아니라면 얼마든지 고객을 내가 의도한 대로 조종할 수 있습니다. 그의 뇌에도 거울이 있으니까요. 자, 두 장의

사진을 보여드리겠습니다.

고깃집 사장이라면 열에 아홉은 왼쪽 사진을 택할 겁니다. 오프라인이든 온라인이든, '내 것 좋아요', '우리 브랜드 상품이 끝내줘요'를 외치며 말입니다. 혼밥이라면 당연히 고기에 끌리겠죠. 하지만 둘 이상이라면 사람이 중요합니다. 누구와 이 고기를 그리고 이 순간을 즐길 것인가가 선택의 기준이 됩니다. 그러니 제발

고객의 머릿속에 그림을 그려주세요.

파는 것 보다 중요한 게 살 수 있는 분위기를 만들어 주는 겁니다. 아시겠죠?

나이키는
미래를 보여줍니다

브랜딩을 이야기하면서 슬로건이라는 단어를 언급하지 않을 수 없습니다. 어떤 단체의 주의, 주장 따위를 간결하게 나타낸 짧은 어구를 슬로건이라고 합니다.

슬로건에 드러낸 주장으로 고객의 문제를 지금 당장 해결할 수 있게, 고통과 불편을 없앨 수 있게, 고객이 좀 더 편하고 이익이 되게 만들어줘야 합니다.

그리고 단순하고 쉽고 단정적이어야 합니다. 심오하고 철학적이고 애매모호하고 추상적이면 슬로건이 아닙니다. 자격이 없는 슬로건은 고객을 브랜드의 홍수 속으로 밀어 넣는 것과 다르지 않습니다.

마지막으로 짧고 쉽게 마침표 혹은 느낌표를 찍어주세요. 그래야 사람들의 브랜드에 대한 태도가 흔들리고 미확정 적일 때 역할을 톡톡히 합니다.

브랜딩은 호감 얻기입니다.
브랜딩은 사랑받기입니다.
브랜딩은 응원 유도입니다.

보는 순간 '아, 내가 이 브랜드랑 만나기 시작하면 당장 이렇게 될 수 있겠구나'라고 느낄 수 있어야 합니다.

코치들이 친절한 유진 피트니스.
회가 맛있는 집, 유진 수산.
힐링이 시작되는 곳, 유진 펜션.

뭔가 있어 보이는데도 선뜻 결정하는데 망설여지는 이유는 너무 지나치게 자기 과시라는 겁니다. 친절도 사장의 판단이고, 맛도 주인장의 분석이고, 힐링도 오너의 과시일 뿐입니다. 이 브랜드를 사용하고 직접 느끼게 되는 건 소비자인데 브랜드 마음대로 억지를 부립니다. 증거를 보여주지도 않으면서 입증하지도 않은 채 자신만만합니다. 이런 어이없는 주장을 내건 브랜드의 88%가 창업 이후 약 1,000일 안에 사라지지요. 고객의 마음을 읽지 못했으니까요. 자, 세계적으로 유명한 브랜드들의 슬로건을 살펴보겠습니다.

Just Do It(나이키)
Think Different(애플)
Open Happiness(코카콜라)

주어는? 그렇습니다, 너You입니다. 이렇게 강렬하게 단정적으로 쉬운 표현과 단어로 무장하고 제안을 해야 '나 들으라고 하는 소리구나' 주목을 합니다.

너! 지금 당장 실천하랍니다.
나이키와 함께하면 진짜 운동선수처럼 느낄 수 있다고.

너! 지금 당장 다르게 생각하랍니다.
애플과 함께하면 세상을 가질 수 있다고.

너! 지금 바로 뚜껑을 열랍니다.
코카콜라와 함께하면 행복의 세상이 열린다고.

주장하지 않으면 고객의 뇌 속에 있는 벽을 무너뜨릴 수 없습니다. 그러니 끊임없이, 지속적으로 슬로건을 노출해야 합니다. 카톡 채널 메시지 마지막 줄에, 문자 메시지 마지막 줄에 잊지 말고 슬로건을 노출해주세요. 그렇게

Be famous!
유명해지세요!

KICK

먹히는 슬로건의 주어는 'You(너)'고, 안 먹히는 슬로건의 주어는 'I(나)'입니다.

호감도 사랑도 'You(너)'가 줍니다. 그러니 슬로건을 만들 때는 'I(나)'를 빼고 'You(너)'로 시작하세요.

그래야 섹시한 슬로건이 나옵니다.

여러분은 고객의 어떤 고통과 불편을
없애주실 수 있으신가요?

5

본능

인간의 마음을 이해하라

FAMOUS

스타벅스는 이름을 불러줍니다

저는 관여라는 단어가 참 좋습니다.

> 관여 [명사]
> 어떤 일에 관계하여 참여함.

최고의 거상, 임상옥 선생이 한 이야기입니다. '장사는 이윤을 남기는 것이 아니라 사람을 남기는 것이다', 한 번쯤 들어 보셨죠? 거래는 하되 이윤은 물론이고 사람까지 남으면 더욱 좋다는 의미로 저는 해석했습니다. 자, 여러분이나 저나 상품과 서비스를 판매하려면, 심지어 사람의 노동력까지 판매하려면 가치를 높여야 합니다. 브랜딩도 사실 여러분과 상품 그리고 서비스의 가치를 높이는 일 중 하나입니다.

가치 = 혜택 – 비용

혜택이 많을수록 가치가 높다고 판단합니다. 동시에 비용은 줄어들어야겠죠. 혜택은 아무 생각 없이 막 퍼주는 게 아닙니다. 그럼 어떤 혜택을 마련해줄까요?

나만 생각나게 만드는 혜택.

그 어떤 경쟁 브랜드도 떠오르지 않고 나만 떠오르게 만들려면 남들이 주지 않는 혜택, 즉 나만 줄 수 있는 혜택을 보유해야겠죠. 그래서 '비슷해지면 망한다'라는 표현을 입에 달고 삽니다. 죽어도 절대로 달라야 합니다. 특히 혜택이라면 더욱 말이죠. 중요한 것은 이 혜택이 사람도 남겨야 한다는 겁니다. 좀 더 깊이 들어가 볼까요?

사람을 남길 수 있는 혜택과 가치. 사람을 남기려면 일단 관계를 만들어야 합니다. 무관계에서는 사람을 남길 수 없습니다. 관계를 만드는 제일 쉬운 방법은 이름을 주고받는 겁니다. 스타벅스가 왜 사람 이름으로 주문하게 하고 고래고래 부르면서 커피를 내주는지 이제 감이 좀 잡히시나요?

"전 세계에 딱 한 곳 내 이름을 불러주는 카페가 있어."

이름이 왜 그토록 중요한지 구체적으로 보여드릴까요? 여러분 앞에 두 개의 같은 모델 몽블랑 만년필이 있습니다. 하나는 여러분의 이름이 새겨져 있고 다른 하나는 없습니다. 어느 쪽이 마음에 드세요? 이름을 새기는 순간 수만 자루의 만년필과 선을 긋게 됩니다. 이건 소중한 내 것, 나머지는 의미 없는 평범한 만년필.

이름을 새긴다는 건 내가 '관여'하는 겁니다. 내 허락 없이는 새길 수 없으니까요. 내가 그렇게 하라고 지시한 거니까요. 원하는 대로 완성이 되도록 지배한 겁니다.

여러분의 상품과 서비스에 고객이 애착을 가지도록 만들어야 기억에 오래 남습니다. 고객이 애착을 갖게 만드는데 '관여' 만한 방법도 없습니다. 고객이 사 갈 상품이나 서비스에 그분들이 '관계하고 참여하게' 공간을 마련해주세요. 관계를 만들고 오래 지속하기 위해서는 들어줘야 합니다.

반만 넣으라면 그렇게 해주고,
섞으라면 그렇게 해주고,
빼 달라면 그렇게 해주고,
나중에 달라면 그렇게 해주고,
구워 달라면 그렇게 해주고,
이름을 새겨 달라면 그렇게 해주고,
방해하지 말라면 그렇게 해주고,
커피를 더 넣어달라면 그렇게 해주고,
조도를 낮춰달라면 그렇게 해주고.

고객의 이야기를 많이 들어주세요. 이렇게 고객이 편히 관여할 수 있게 만들면 가치가 올라가고, 관계가 돈독해지고, 사람을 남길 수 있습니다. 그리고 자연스럽게 유명해집니다.

대접은 지배의 동의어다

브랜딩에 대해서 소위 전문가에게 물어보면 일단 말이 많아집니다. 3박 4일은 떠들 수 있을 정도로 아는 것도 많고, 경험들도 많습니다. 그 덕에 프로젝트를 맡으면 더더욱 말이 많아집니다. 그동안 쌓은 지적 재산들을 한 곳에 풀어 넣으려니 당연한 결과가 아닐 수 없습니다. 하지만

진정한 고수는 더하기보다 빼기에 집중합니다.

많이 넣으려고 하지 않고 덜어내려고 노력합니다. 많이 덜어내도 더 주목받고, 덜 잊히고, 오래 기억에 남을 수 있는 브랜드를 만들고자 진을 뺍니다.

더하기는 쉽습니다. 눈에 보이는 모든 걸 어떻게 해서든 욱여넣으면 되니까요. 반면에 빼기는 상당한 내공이 필요합니다. 생략했는데 더욱 빛나게 하려면 고객을 보세요. 빼기가 미학이 되려면 고객의 이야기를 들어줘야 합니다.

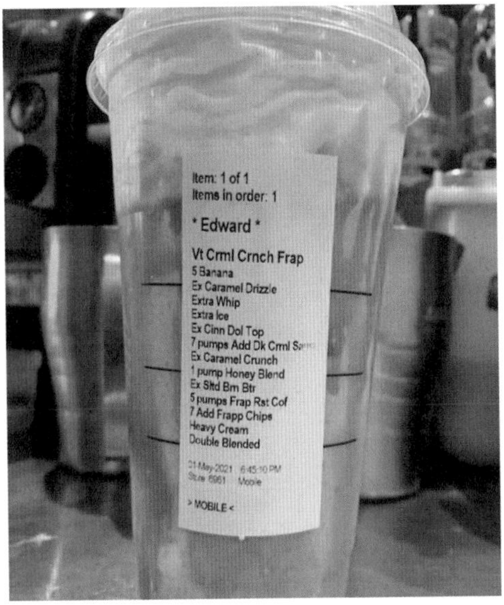

고객의 요청을 제한없이 들어주는 〈스타벅스〉

스타벅스 LA 매장에서 근무하고 있는 조시 모랄레스의 트위터에 올라온 사진입니다. 참 많이 들어줬습니다. 바나나 조각 5개 추가, 캐러멜 드리즐 많이, 휘핑크림 많이, 얼음 많이, 시나몬 돌체 토핑 추가, 캐러멜 크런치 추가….

들어주면 들어줄수록 유명해집니다.

들어주기의 핵심은 욕망에 있습니다. 인간의 욕망 중 가장 강력한 녀석이 바로 지배와 제어 욕망입니다. 내 마음대로 통제가 되지 않으면 미치지만 그 반대이면, 즉 내 마음대로 컨트롤이 가능해지면 욕망이 해소됩니다. 진상 고객들을 떠올려보세요. 많이 들어주면 고객은 그만큼 지배했다 생각합니다.

대접은 지배의 동의어다.

제 브랜딩 사전에 적혀 있는 문장입니다. 우리 모두 대접받는 걸 참 좋아합니다. 말하지 않았는데도 미리 나의 불편과 고통을 싹 다 없애준다. 그래서 모든 것이 힘들이지 않고 통제가 가능해진다. 이 상태를 우리는 일상어로 대접이라고 합니다. 고객으로서의 인간은 티끌만큼의 반발도 없이 지배가 가능한 공간을 아주 사랑합니다. 통제가 안된다? 생각만 해도 끔찍합니다. 중학교 2학년 딸이 말을 안 듣습니다. 남편이 통제에 따르지 않고 자정을 넘어 집에 들어옵니다. 직원 6명이 내일 출근을 못 하겠다고 통보합니다. 통제가 되지 않는 상태를 스트레스라고 하죠. 반면 통제가 완벽하게 이루어진 상태를 만족이라 합니다.

그러니 많이 들어주세요. 고객이 우리를 완벽하게 통제했다는 기분이 들도록 들어주세요. 듣다 보면 답이 보입니다. 들으려 하지 않았기 때문에 몰랐던 거지 듣겠다고 결심만 하면 쉬워집니다. 신제품을 만들 때도 듣고, 론칭을 할 때도 듣고, 가격을 결정할 때도 듣고, 주문을 할 때도 듣고, 배송할 때도 많이 들어주세요. 왜?

그래야 고객이 내가 원하는 대로 찾아오고, 구매하고, 지불하고, 공유하니까요. 들어줌으로써 그들을 자유자재로 조종한다? 이 얼마나 아름다운 인생입니까?

써브웨이에서는
고객이 진짜 왕이다

현재 세계에서 가장 많은 매장 수를 가지고 있는 프랜차이즈 브랜드는 뭘까요? 김유진 아카데미에서 진행하고 있는 '브랜딩학교' 수업 시간에 이 질문을 던지면 우리가 알만한 브랜드들이 죄다 튀어나옵니다. 맥도날드, 스타벅스, 버거킹, KFC, 배스킨라빈스…. 하지만 정답은 써브웨이입니다. 내로라하는 브랜드들을 다 제치고 영예의 자리를 차지했습니다. 가장 많은 프랜차이즈 가맹점을 보유하고 전 세계인들에게 가장 사랑받고 있는 브랜드. 써브웨이가 1등이라고는 생각지도 못하셨을 겁니다. 이 브랜드가 1등이 된 데에는 이유가 있습니다. 세상 그 어느 브랜드보다

고객의 지배를 당하려고 애를 씁니다.

인간이 스트레스를 받는 원인? 바로 통제 불능입니다. 가족이, 조직이, 상황이, 나라가, 경제가 내 마음대로 통제되지 않으면 인간은 심한 스트레스를 받습니다. 코르티솔이라는 신경 전달 물질이 온몸에

퍼져 정신을 못 차리게 됩니다. 내 안에 있는 수많은 인격 중 가장 잔인한 녀석이 등장합니다. 반면 모든 것이 나의 절대 통제 하에 컨트롤된다면 인간은 극상의 만족을 느낍니다. 써브웨이는

브랜드의 통제 속에 고객을 두지 않고,
오히려 고객의 통제 속에 브랜드를 두려 애를 씁니다.

써브웨이는 아주 영리한 브랜드입니다. 사람으로 치자면 고분고분하고 순박한 청년 같지만, 속내를 들여다보면 아이큐가 150이 넘는 영악한 장난꾸러기와 다르지 않습니다. 어리숙하게 모르는 척 주문하는 내용을 다 들어줍니다. 하지만 상대를 옴짝달싹 못 하게 만듭니다. 귀를 쫑긋 세우고 내 의견을 다 받아들이지만 절대 책임을 지지는 않습니다.

이야기를 100% 들어준다는 것, 소름 끼치도록 치명적인 전략입니다. 왜? 모든 책임이 선택한 사람에게 돌아가니까요. 개인적인 생각입니다만 이 브랜드는 은근히 소비자가 실수하기를 바라는 것 같기도 합니다. 조합에 실패해 본 경험자로서 이야기를 드리자면, 선택을 했는데 완전히 만족스럽지 못하면 다음 기회를 기약합니다.

"내가 다시는 올리브 오일이랑 소금 치나 봐라!"

빵, 치즈, 채소, 소스, 토핑 등을 어떻게 선택하느냐에 따라 수천 가지가 넘는 조합, 즉 요구가 가능합니다. 다 들어주니 편합니다. 오랜

만에 지시의 쾌감을 만끽합니다. 못 믿겠다고 하는 분들은 지금 당장 써브웨이로 달려가 앞뒤에 선 주문자들의 톤과 악센트 그리고 뉘앙스를 느껴보시기를 바랍니다. 그깟 샌드위치에 너무 큰 의미를 부여한 거 아니냐고요? 아닙니다. 한껏 배가 고프고 화가 치밀어 오르는 상황에서도 이 주문대 앞에만 서면 스트레스가 확 풀립니다. 정말이지 무서운 브랜드가 아닐 수 없습니다. 이런 대접을 해주는 곳은 많지 않습니다.

최고급 오마카세 레스토랑이 최근 엄청난 사랑을 받고 있지만 써브웨이만큼 내 이야기를 들어주지 않습니다. 생각해 보세요. 바에 앉아 셰프에게 밥은 흑미로, 와사비는 후쿠오카산으로, 스시는 반으로 커팅해 달라고 하면 어떤 시선이 날아올지. 고객이 원하면 요구에 따라 음료를 맹물로 만들어 주기도 하다는 스타벅스보다 한 수 위입니다.

인간은 통제하기 쉬운 브랜드를 곁에 두고 싶어 합니다.

굳이 구매과정에서까지 스트레스를 받고 싶지 않기 때문입니다. 고객을 절대군주로 만들어주세요. 결제 카드를 내 손에 쥐기 전까지.

나의 이야기를 귀 기울여 가장 많이 들어준 브랜드를 그렇지 않은 브랜드에 비해 더 기억하는 건 당연합니다. 고객의 불만 속에 비즈니스의 답이 있다고들 합니다. 나의 불편과 고통 또 고민을 들어준 브랜드를 잊으면 손해지요. 그러니 아주 사소한 것까지 들어주세요. 경청하면 답이 보입니다. 경청하면 점수를 얻습니다. 경청하면 그가 나를 잊지 못합니다. 경청하면 아주 유명한 브랜드가 됩니다. 기성복에 비해 맞춤복이 더 비싼 이유 다 아시겠죠?

들어야 삽니다.
들으면 이깁니다.
들으면 유명해집니다.

과시할 수 있게 도와주세요

상대가 ○○할 수 있게 도와주는 것 중 최고는 바로 '과시'입니다. 여러분 브랜드의 상품과 서비스를 사용하는 것이 과시할 만한 것이라면 더할 나위 없습니다. 극단적인 예를 하나 들어볼까요?

오늘 점심 구내식당에서 먹었어요.

오늘 점심 조선호텔에서 먹었어요.

언뜻 보기에도 아래 사람은 어깨에 힘이 잔뜩 들어가 보입니다. 반면 위 사람은 평범한 점심 한 끼를 때운 것 같아 보이죠?

'소비는 과시다'라는 말이 있습니다. 이 심리를 잘만 활용하면 여러분과의 거래가 단순한 소비로 끝나는 것이 아니라 '과시'로 이어질 수 있습니다. 과시의 역사를 정확히 헤아릴 수는 없습니다. 하지만 인간의 욕망 중 가장 강력하고 무서운 것이 지배와 통제라는 사실을 알게 되면, 과시를 이해하는 데 도움이 됩니다.

인간은 통제하고 싶어 합니다. 상황, 관계 등을 통제하고 싶어 합니다. 이 통제는 그냥 가능해지는 게 아닙니다. 나라는 존재가 인정을 받아야 가능해집니다. 지배와 통제의 주체로서 인정받는다? 보통의 존재로서는 불가능하죠. 조직과 사회 내에서 우월한 존재라는 사실을 인정받아야만 이 욕망을 해소할 수 있습니다. 존재감 없는 작은 입지로서는 통제가 불가능합니다. 그래서 인간은 항상 상대적으로 우월한 존재라는 것을 입증하기 위해 애를 씁니다. 그중 하나가 바로

소비를 통한 과시입니다.

이제 누군가보다 우월한 존재라는 사실을 알리기 위해서는 무기가 필요 해졌습니다. 자본주의 사회에서의 무기는 상품과 서비스입니다. 값비싼 자동차, 명품 백, 초고가 보석, 한정판 의상 등 누구나 가질 수 없어서 귀해진 대상들이 무기가 되었습니다. 이 무기들을 장착하면 전쟁터의 무사처럼 용감해집니다. 굉음을 내며 운전을 하고, 다짜고짜 소리를 지르고, 갑질을 하고, '소유의 무식'을 드러내고 싶어 합니다. 이런 사건을 볼 때마다 혀를 쯧쯧 차지만 이미 우리 사회가 이런 보이지 않는 물적 계급에 의해 좌우된다는 사실은 어린아이들도 알고 있습니다.

"너희 집 몇 평이야?"
"너희 부모님 차 뭐야?"

억울해하시면 당신만 손해입니다. 어떻게 하면 여러분 브랜드의 상품과 서비스를 소비하는 것이 과시라는 무기가 될 수 있을지 보여주세요. 이는 소유 욕구와 밀접한 관련이 있습니다. 가지고 싶고, 사고 싶은 것 그리하여 소유하게 되면 과시할 수 있는 것들은 반드시 기록합니다. 만약 당신의 브랜드를 보고도 핸드폰을 꺼내지 않는다면, 그건 과시가 아닌 무시의 대상이라는 소리입니다. 과시하고 싶은 건 반드시 찍습니다. 그리고 그 어느 공간이라도 공유합니다. 그러니 찍게 만들어주세요.

더 격이 있게.
더 아름답게.
더 디테일하게.
더 섹시하게.
더 친절하게.

여러분의 트레이닝 복은 이런 자격이 있는지요? 당신의 삼겹살은 이런 욕망을 채워줄 수 있나요? 당신의 호텔은 몇 퍼센트까지 충족시켜 줄 수 있으세요? 당신의 상품과 서비스는 고객의 과시를 만들어줄 수 있나요?

집 한 채 가격에 맞먹는 스포츠카가, 오피스텔 한 채 가격의 명품백이, 백만 원이 훌쩍 넘는 운동화가, 1인분에 30만 원 하는 코스 요리가, 에버랜드 2인 입장권 가격에 버금가는 빙수가

미친 듯이 팔리는 이유는 '과시'입니다.

소비를 통해 과시의 힘이 강해지고, 그런 본능이 우리 몸을 가득 채우고 있기 때문이죠. 그러니 지금 당장 고객이 과시할 수 있을 만한 상품과 서비스를 만들어주세요.

과시하고 싶은 브랜드는 빨리 유명해지고,
과시하고 싶지 않은 브랜드는 빨리 사라집니다.

Floating strategy
: 띄워주기 전략

인간은 칭찬받는 걸 좋아합니다. 인간은 대접받는 걸 좋아합니다. 인간은 과시할 수 있으면 좋아합니다. 인간은 다른 사람보다 우월하다고 인정받는 걸 좋아합니다. 만약 나를 이렇게 기분 좋게 만들어주는 브랜드가 있다면 반드시 기억하고 맙니다. 안 그런 브랜드에 비해 훨씬 더 마음에 드니까요. 그래서 필요한 게 뭐?

띄워주기 전략.

지구상에 살고 있는 인류 중 '관계'를 가장 중요하게 여기는 사람들이 한국인입니다. 그래서 틈만 나면 엮습니다. 나라는 존재가 돋보일 수 있는 것들과. 그리고 그 관계를 자랑하고 과시하며 뿌듯해합니다.

우리 아파트에 이정재 산다.
대통령이랑 나랑 동문이야.
해넣내 출신인가?
나 일론 머스크랑 MBTI 같잖아.

자기소개서, 이력서에서도 본인 자랑 보다는 관계를 내세우는데 열을 올립니다. 덜 독립적이고, 많이 기대고 싶어 하고, 나보다 우리를 내세우는 한국인은 화끈하게 뭉치는 건 지구대표급입니다. 열광적인 응원, 떼창, 황당할 정도로 한반도를 단시간에 휩쓰는 트렌드…. 그 덕에 종종 확 끓어올랐다가 수그러들고 마는 '냄비근성'이라는 오명도 가지고 있습니다만, 저는 한국인의 이런 특성을 브랜딩에 활용할 겁니다. 관계를 만들어줄 겁니다. 고객이 모른다면 '관계'가 있도록 가르쳐줄 겁니다. 우리가 제안하는 기준에 관심을 가질 수 있도록, 아니 그렇게 간절히 소망하도록 엮어줄 겁니다. 훌륭해 보이는 대상들과 어깨를 나란히 하고 관계를 엮도록 띄워줄 겁니다.

상대를 띄워주세요. 고객을 띄워주세요. 현기증이 날 정도로 말입니다.

까다로운 엄마들의 선택.

일 잘하는 마케터들은 ○○을 선택합니다.

스마트한 학부모의 결정.

가정에 충실한 아버지라면.

능력 있는 청년이라면.

설득하고 싶은 대상들이 으쓱할 수 있게 만들어주세요. 상대의 기분이 중요합니다. 당신의 이야기를 듣는 고객이 스스로에 대해 좋은 느낌을 가지면 충분합니다. 그러니 망설이지 말고 띄워주세요. '이건 나 들으라고 하는 소리구나'라고 생각하는 사람들은 전투적으로 브랜드에 관심을 가질 것이고, '나는 약간 못 미치는데'라고 판단한사람이라면 '그래? 스마트한 사람들은 어떤 브랜드를 좋아하지?'라며 호기심을 가질 겁니다. 그래서 띄우는 겁니다.

혹시 기억 나세요? 이 멘트?

"열심히 일한 당신 떠나라."

스스로 열심히 일했다고 평가한 사람은 떠날 자격이 있다고 판단할 테고, 덜 열심히 일한 사람은 '도대체 왜 열심히 한 사람만 떠나라는 거야'라며 주목을 하게 됩니다. 원래 인간이 그렇거든요.

고객을 띄워주면
당신의 이야기에
귀를 기울입니다.

No fun,
No branding

인간이 제일 싫어하는 건 지루함입니다. 다들 이런 경험 있으시죠? 밀리는 차 안에서 옴짝달싹할 수 없을 때 내 마음대로 통제가 되지 않는데 무기력하게 상황을 받아들여야만 할 때. 내가 아는 모든 육두문자를 동원해 고래고래 소리 지르고 싶어집니다. 반면 제일 좋아하는 건 재미입니다. 중독성 강한 재미는 도저히 손에서 놓기 어렵습니다. 지금부터 여러분 브랜드를 재미 덩어리로 만들어 드리도록 하겠습니다. 예측할 수 없으면 중독성이 생깁니다. 마약, 도박, 레이싱, 게임…. 앞을 예측할 수 없기에 미치도록 중독이 되는 겁니다. 고통과 불편마저도 잊게 해줄 정도로 강한 브랜딩에 있어서 절대로 빠져서는 안 될 필수 불가결한 요소입니다.

No fun, No branding.

유명한 브랜드들은 대부분 아주 재미있습니다. 흥미진진합니다. 항상 곁에 두고 싶을 정도로 즐거움을 줍니다. 에르메스, 구찌, 롤렉스, 나이키, 애플, 룰루레몬, 라이카…. 로고도 재미있고, 숨겨진 스토리도 재미있고, 사장도 재미있고, 이벤트도 재미있고, 반응도 아주 재미있습니다. 이렇게 중독을 유발하는 물질을 '도파민'이라고 하는데, 지루함은 없애주고 재미를 선물하면 더 많이 분비됩니다.

아래 사진 속 제 얼굴이 보이시나요? 심각할 정도로 진지합니다. 단 1cm라도 더 뛰어보겠다는 각오가 안면 근육에 고스란히 드러나 있습니다. 제자들 브랜드에 정말 많이 선물했던 아이디어입니다. 멀리뛰기. 기다리는 고객들에게 어떤 재미를 줄 수 있을까? 스마트폰이 해결해 주지 못하는 허한 마음을 어떻게 보상해 줄 수 있을까? 사실 더 중요한 건 내 상품과 서비스를 만나기 전 고객들의 감정을 심하게 흥분된 상태로 끌어올리고 싶었습니다. 일행들과 경쟁하듯 멀리뛰기를 한 뒤 상기된 얼굴로 등장하는 고객이라면, 내 브랜드에 대한

경험과 평가가 아주 너그러울 것이라는 사실을 뻔히 알고 있기 때문입니다.

자, 생각해 보세요. 기다리는 지루함에 지친 고객이 여러분 브랜드를 더 좋아해 줄까요? 아니면 이렇게 신나는 경험을 하고 들어온 고객이 더 많이 만족해할까요? 결과는 명확합니다. 그래서 멀리뛰기뿐만 아니라 제기차기, 다트, 돌림판, 철봉 등을 브랜드에 선물했습니다.

상상만 해도 기분이 좋아집니다. 이 책을 읽고 계신 독자분들의 브랜드를 찾은 고객들이 까르르 웃으며 서로를 보고 좋아할 생각을 하니 말입니다. 안간힘을 쓰고 철봉에 매달리는 아이들을 보며 웃는 부모님들, 왕년의 실력 보여주겠다면서 웃옷 벗으시는 아버지들, 매달리기로 체력장 만점 받았다는 어머니들 그리고 떨어지는 낙엽만 봐도 좋은 커플들까지…. 제가 브랜딩을 통해 제일 하고 싶은 게 무엇인지 아세요? 바로 많이 웃을 수 있는 재미있는 세상을 만드는 겁니다. 여러분도 동참하셔서 더욱 유명해지시길 간절히 기도합니다.

소비는 과시다

코로나가 기승을 부리던 2022년 초, SNS를 '찢어놓은' 영상 하나가 화제가 되었습니다. 마치 좀비가 먹잇감을 쫓듯 미친 듯이 에스컬레이터를 역주행하고, 계단을 뛰어 오르내리며 한 방향으로 사람들이 용암처럼 흘러 들어갔습니다. 그곳은 다름 아닌 한정판 조던 골프화를 선착순 판매한다고 내건 나이키 매장. 시세차익을 노린 리셀족들, 골프 매니아들이 오픈하자마자 달리기 시합을 했던 겁니다.

오픈런Open Run.

이제는 너무나 흔해진 이 현상의 시작은 샤넬 매장이었습니다. 가격 인상을 예고한 샤넬의 상품을 사기 위해 전전날부터 백화점 근처에서 밤을 지새는 모습이 매스컴 여러 곳에 포착됩니다. 그렇게 등장한 단어가 바로 샤넬 오픈런. 갑자기 이런 생각이 듭니다. 오픈런까지 해가며 간절히 사고 싶고, 가지고 싶은 이유가 뭘까? 물론 리셀이나 중고 거래로 시세차익을 노린 이들도 오픈런에 많이 참가합니다.

오픈런이라는 현상을 만만히 보시면 큰코다칩니다. 나와는 관계 없는 이야기라고 무시했다가는 이 시대를 사는 소비자들과 점점 더 멀어질 수밖에 없습니다. 그저 돈벌이가 아니라 상상도 할 수 없는 욕망이 오픈런의 기저에 깔려 있습니다. 바로 과시입니다.

누구든 마음만 먹으면 최고의 명품을 누릴 수 있는 시대. 비록 그것을 일주일 이내에 재판매하더라도 말입니다. 일단은 그 귀한 명품이 내 것이었다는 증거를 SNS에 남길 수 있기에 최선을 다해 달음질을 하고, 줄을 섭니다. 이상할 거 하나도 없습니다. 명품을 소비함으로써 상류층 집단에 소속되고 싶어 하는 심리. 소유했다는 것 그 자체만으로 나를 그들과 동일시하는 심리. 그들을 달리게 만드는 원동력입니다. 결국 '나는 남들과 다르다', '나는 일반적이지 않고 훨씬 더 우월한 유전자를 가지고 있다', '그 누구라도 좋으니 이 과시를 통해 나를 추앙해 주면 좋겠다'라는 심리가 깔려 있습니다. 브랜드가 없어지는 일은 있어도, 오픈런이 사라지는 일은 없을 겁니다.

최근 에르메스 매장에 다녀왔습니다. 오전 10시 30분에 도착했는데 전화번호를 등록하고 보니 웨이팅이 대략 3시간. 식당가에 가서 사진을 찍고 푸드코트를 이 잡듯 뒤지고 슈퍼에 가서 신상 밀키트의 제조원들을 확인하는데 '카톡!'. 알림을 받고 도착한 매장은 생각보다 조용했습니다. 예전처럼 수십 명이 우왕좌왕하는 모습은 사라졌습니다. 1:1 마크가 좀 더 강화된 느낌이 듭니다. 구매를 희망하는 모델 넘버를 이야기하자 난색을 표합니다. 한 달 전에 딱 한 점이 들어왔고 그날 팔려서 재고가 없다. 방법이 없겠냐고 물으니 언제 다시 들어올지 직원들도 모른다는 대답이 돌아옵니다. 희한하죠? 없다고 하니 더 가지고 싶어졌습니다. 구매하고 싶은 의지가 꺾이고 나니 반발심이 생겨납니다. '아, 이게 오픈런을 하게 만드는 힘이구나'. 돌아서며 곰곰이 생각했습니다. 청바지를, 만두를, 호텔을, 스마트폰을, 약을, 카메라를, 볼펜을 이렇게 만드는 방법이 없을까?

흔하면 안 됩니다.
누구라도 원하는 섹시한 디자인이어야 합니다.
가지고 있으면 과시할 수 있어야 합니다.
선망의 대상이 되어야 합니다.
매력적인 스토리텔링이 필요합니다.
이제껏 가져본 적 없는 스타일이면 더 좋습니다.
두 가지 기술이 녹아 있으면 더 가지고 싶어집니다.
한정판이어야 애간장이 탑니다.
SNS에 올렸을 때 '좋아요'와 댓글이 차고 넘쳐야 합니다.

웃돈을 주고서라도, 아니 훔쳐서라도 가지고 싶은 욕망을 불러일으키는 브랜드가 되고 싶다면 위에 언급한 내용들을 다 적용하세요. 너무 어렵다고요? 오픈런 하게 만드는 브랜드로 인정받는 게 쉬운 일인 줄 아셨나요? 한 줄 한 줄 대입해 보세요. 당신의 브랜드는 자격이 있는지. 줄을 서고, 소유하고, 과시하고, 으쓱하고, 다시 내다 팔아도 언제든 어디서든 더 비싼 가격으로 상품과 서비스를 가지고 있는지 말입니다.

오픈런을 만드는
브랜딩 비법

앞 장에서 설명한 오픈런을 만드는 브랜드의 자격 키워드만 뽑아 봤습니다.

희소성.

섹시한 디자인.

과시.

선망.

스토리텔링.

스타일.

더블 테크.

한정판.

좋아요, 댓글.

자, 이제 이걸 표로 만들어 드릴 겁니다. 애매모호하게 숙제만 드릴 수 없잖아요. 대신 머리가 아프더라도 꼭 빈칸을 두 개 이상은 채워 주셔야 합니다. 강제로라도 아이디어 회로를 가동해 보는 겁니다. 그래야 사고가 확장됩니다. 자, 시작합니다.

각 항목과 연관이 있는 키워드를 5분 안에 채워보세요. 그간 인지하고 있지 못했던 무의식을 바닥까지 뒤져서 여러분 브랜드를 간절히 가지고 싶게, 사고 싶게, 줄 서고 싶게 만들 수 있습니다. 생각하는 것 자체가 고통스러워 그렇지 적고 나면 뿌듯해집니다. 여러분 자신이 대견스러워질 겁니다.

	1	2	3	4	5
희소성					
섹시한 디자인					
과시					
선망					
스토리텔링					
스타일					
더블 테크					
한정판					
좋아요 댓글					

빈칸을 채운 단어들을 여러분의 상품, 서비스에 매칭시켜보세요. 짜릿한 경험을 하게 되실겁니다.

청담동에 위치한 오마카세 레스토랑은 계산을 마치자마자 쇼핑백을 건넵니다. 예상치 못한 기습에 움찔하지만 이내 선물임을 눈치챌 수 있습니다. 오픈런을 하게 만드는 브랜딩 비법 중 하나 맞습니다. 백에 아흔아홉은 하지 않고 있으니 희소합니다. 소비자가 그 누구라도 이쯤 되면 스마트폰에 자꾸 손이 갑니다. 왜? 이걸 SNS에 올리면 부러움의 대상이 된다는 사실을 아니까요.

어렵게 생각하실 필요 없습니다. 딱 하나면 됩니다. 궁금해서 미치게 만들 딱 하나. 보는 것만으로 가지고 싶고, 사고 싶고, 줄 서고 싶게 만드는 딱 하나. 브랜딩을 하겠다고 나선 전문가들도 90%는 실패하는 이유가 딱 하나를 위해 나머지를 버리지 못해서입니다. 장점이 여럿 있으면 좋겠지만 초강력 무기는 하나면 충분합니다. 완전히 다른 스타일, 다른 컬러, 모양, 디자인, 테크닉이면 충분합니다. 아직도 망설이고 계세요? 일단 한 번 저질러 보세요.

식사 후 선물을 건네는 오마카세 레스토랑의 패키지

고객은 어떤 이야기를 좋아할까요?

마케팅이나 브랜딩 좀 한다는 사람들도 참 어려운 게 스토리텔링입니다. 그럴싸한 이야기를 만들어서 소비자들을 설득하고 내 편으로 만들고 싶은데, 이게 그리 쉬운 일이 아닙니다. 적당히 번 사업가들이 가장 많이 사용하는 스토리가 있습니다.

"충남 부여에서 빈농의 7남매 중 셋째로 태어나…."

그래서 어쩌라고? 고객들에게 외면당할 스토리를 주장하는 브랜드는 차고 넘칩니다. 스토리텔링을 왜 만들어야 하는지 혹시 아시는지요? 바로 고객을 설득하기 위함입니다. 나를 설득하기 위함이 아니라 상대, 즉 내 브랜드의 상품과 서비스를 구매해 줄 고객들을 설득하기 위해서 이 귀찮고 어려운 작업을 하는 겁니다. 그럼 생각해 보세요. 여러분이 좋아할 만한 스토리를 만들어야 할까요, 아니면 고객이 좋아할 스토리를 만들어야 할까요? 답은 명확합니다.

고객이 좋아할 스토리여야 합니다.

그럼 고객은 도대체 어떤 이야기를 좋아할까요? 기쁜 이야기? 슬픈 이야기? 애잔한 이야기? 사람 이야기? 역사와 전통 이야기? 전부 아닙니다.

한마디로 정리하자면 나에게 도움이 되는 이야기입니다. 내가 가진 고민과 불편을 해결해 주는 이야기. 내가 조금 더 편해지는 이야기. 내게 조금이라도 더 이익이 되는 이야기. 내가 행복해지는 이야기. 1%라도 더 만족스러운 이야기. 이렇게 정리할 수 있습니다. 주어가 누구라고요? 그렇죠. '나'가 아닙니다. '너'입니다. 이건 당신의 이야기이고 들으면 도움이 되고 행복해진다.

많은 사람들을 내 브랜드의 편이 되게 만들려면 이걸 구체적으로 파고들어야 합니다. 간단한 예를 하나 들어볼까요? 전 세계 여성들을 흥분의 도가니로 몰아넣었던 SK-II 피테라 에센스의 스토리텔링입니다.

"종이학을 쫓아가던 소녀가 주조장으로 들어섭니다. 이 소녀는 그곳에서 놀라운 광경과 마주쳤죠. 술을 만드는 주조사들은 손이 나이가 들어도 아이처럼 부드럽다는 것을 발견한 겁니다. 그 손에 숨겨진 놀라운 비밀을 알게 되었습니다. 수십 년 전 시작된 아름다운 피부의 비밀을 찾기 위한 여정은 마침내 한 양조장에서 그 답을 찾았습니다."

고운 손의 비밀을 발견했다는 겁니다. 동화 같은 배경의 광고가 공개되자마자 전 세계 여성들은 흥분하기 시작했습니다. 모두가 고운 손을 가지고 싶었는데 이걸 해결해 줄 특급 비밀을 드디어 알아냈다고, 드디어 그 해결사를 만나게 되었다고 두 손 높이 들고 환영을 했습니다. 응답이라도 하듯 SK-II는 고민을 해결해 줄 증거도 제시했습니다.

"세계 여성들의 아름다움을 되찾아주기 위해 항산화 성분과 미백 효과를 만들어 내는 입자를 나노로 쪼갰다."

그 누구보다 훨씬 더 잘 꽂히는 이야기를 만드는 데는 중요한 비밀이 두 가지 있습니다.

주인공 그리고 사건.

인간의 뇌는 이야기를 좋아합니다. 아주 오래전 인류는 말이 필요했습니다. 매머드 사냥을 하기 위해 신호와 명령이 필요했고, 불을 꺼뜨리지 않기 위해 보존하는 법을 자식들에게 알려줘야만 했습니다. 어떤 과일은 먹어도 되는지, 어떤 풀은 먹으면 안 되는지, 산 밑의 계곡물이 생존에 도움이 되는지 가르쳐 줘야만 했습니다. 이렇게 소리와 단어, 표현 그리고 문장이 만들어졌고, 오래도록 기억할 수 있도록 이야기를 만들어 전달했습니다. 어릴 적 기억 나시죠? '불장난하지 말아라 밤에 오줌 싼다'. 과학적으로 검증도 되지 않은 현상을 이야기 형식을 빌어 경고성 스토리로 만들었습니다. 스토리에는 늘 사건이 등장합니다. 하지 말라는 짓을 하면 이렇게 위험한 사건이 일어난다…. 아주 오랫동안 이야기를 통해 주의와 경고를 주입했습니다. 가족을 지키기 위해 말입니다.

문지방을 밟으면 재수 없다.
다리를 떨면 복이 달아난다.
부모님 묫자리 잘 잡아야 자손들이 대성한다.

입증되지 않았지만, 사건과 사건들을 쌓아 만든 빅데이터를 입혀 팩트처럼 전달했습니다. 왜? 그래야 나와 자손 그리고 사회가 안전해지니까요. 그래서 인간이 이야기를 좋아하고 애용했던 겁니다. 제대로 된 스토리를 만들기 위해서는 '주인공'과 '사건' 그리고 '왜'가 필요합니다.

이야기 속에서 '왜'를 강조하는 겁니다.

아래의 글은 모 설렁탕 브랜드에 선물한 스토리입니다.

> 설렁탕을 먹을 때마다 화가 났습니다.
> 진한 맛도 사라지고, 고소함도 사라지고, 어머니의 따뜻함도 느껴지지 않았습니다.
> 주방에서부터 시작해 명인이 된 오늘까지 지난 20여 년, 어머니가 가마솥에서 끓여 주시던 그 맛이 참 많이도 고팠습니다.
> 이제 철이 좀 드나 봅니다.
> 내 손으로라도 어머님이 부뚜막에서 끓여 주시던 그 맛을 재현하고 싶었습니다.

밥도 말고, 국수도 넣고, 만두를 끓여도 손색이 없을 그런 맛을 이제 당당히 선보이렵니다.
한식의 새로운 기준, 그 첫 번째 주인공은 설렁탕입니다.

주인공은 브랜드의 대표입니다. 사건은 사라진 어머니의 손맛이고요. 배경은 설렁탕이 맛이 없어진 시대입니다. 일을 좀 크게 벌일까 하다가 한식명인의 브랜드라 잔잔하게 풀고 싶었습니다. 그간 고객들이 느꼈던 고민과 불편 그리고 아쉬움을 가져와 해결해 드리고 싶다고 말을 꺼냈습니다. 새로운 기준에 대한 호기심을 만들고 싶었습니다.

왜? 고객은 이야기를 좋아하니까요.
그 이야기를 만들어 낸 명분을 좋아하니까요.

공감을 일으키는 브랜드가 반드시 이긴다

스토리텔링을 아무리 근사하게 짜도 공감할 수 없으면 무용지물입니다. 내가 아닌 남의 이야기가 됩니다. 그래서 잘 짜인 스토리텔링에는 공감할 수 있는 부분이 많이 들어있습니다. 이 포인트를 캐치해내는 게 정말 중요합니다.

공감은 서로 같이 느끼는 겁니다. 혼자 느끼면 공감이 아닙니다. 내 이야기만 그리고 내 상품과 서비스 이야기만 하면 절대로 공감을 일으킬 수 없습니다. 너도나도 같이 느낄법한 경험이나 상황이 그래서 필요합니다.

전 세계 여성들이 오픈런을 통해서라도 꼭 가지고 싶어 하는 백이 있습니다. 에르메스의 '버킨백' 입니다. 버킨이라는 이름은 영국 출신의 가수 겸 배우인 제인 버킨에게서 따온 겁니다.

80년대를 주름잡았던 뮤즈가 어느 날 비행기를 탑니다. 당시 그녀는 짚으로 만든 가방을 들고 다녔습니다. 우연히 에르메스 옆자리에 앉게 된 그녀. 가방 안에 주머니가 없어서 보통 불편한 게 아니라는 불평을 털어놓습니다. 이 이야기를 들은 에르메스가 그녀를 위한 가방을 만들어 주겠다고 약속합니다.

우린 그 비행기에 타고 있지도 않았고, 제인 버킨이 누구인지도 잘 모릅니다. 그런데 이 짧은 이야기를 통해 마치 그 비행기 안에 있는듯한 기분이 듭니다. 버킨과 에르메스 옆이나 뒷자리에서 두 사람이 나누고 있는 이야기를 생생하게 듣고 있는 듯한 착각에 빠집니다.

이야기의 힘이 이런 겁니다. 그림이 그려지도록 스토리를 만들 수 있다면 공감은 더욱 깊어지고 커집니다. 그 자리에서 버킨은 켈리백보다 크고 여행 가방보다 작은 사이즈의 가방을 원한다고 이야기를 했습니다. 이렇게 만들어진 백에 버킨이라는 이름이 붙게 됩니다. 에르메스 그룹의 스토리텔링 담당자는 정말 천재입니다. 예나 지금이나, 사실이든 아니든 공감을 일으키기에 충분한 이야기만 가져옵니다.

미디어도 에르메스의 이야기를 실어 나르는 데 크게 한몫을 합니다. 드라마 '섹스 앤 더 시티'에서 주인공이 에르메스 매장을 갑니다. 백을 받으려면 최소 반년은 기다려야 한다는 말을 듣고 하루라도 더 빨리 내 것으로 만들기 위해 가명을 씁니다. 사용한 가명은 할리우드 스타의 이름이었죠. 들통이 나서 망신까지 당하는 에피소드를 드라마에 넣어 에르메스의 스토리를 더욱 섹시하게 만들어줬습니다.

우린 지금 스토리텔링에 공감을 어떻게 넣을지 고민 중입니다. 가장 쉽고 간단한 공감 유도 전략을 하나만 내놓으라고 성격 급한 독자가 요구하신다면 전 감히 '질문'이라고 답을 드릴 겁니다.

"이런 경험 있으시죠?"

"버튼 때문에 골치 아팠던 기억 있으시죠?"

"배달 음식이 다 식어서 왔던 기억 없으세요?"

"세차만 하면 비가 왔던 기억 있으시죠?"

"배터리 수명이 짧아 당황하셨던 경험 있으시죠?"

"심야에 택시가 잡히지 않아 거리를 배회하셨던 일 없으세요?"

"향과 진함이 사라진 설렁탕 드시고 실망한 적 있으시죠?"

"PT를 50번이나 받았는데 체중이 그대로인 경험 없으세요?"

"다이어트 3주만 쉬면 다시 제자리로 돌아간 기억 있으시죠?"

이렇게 고객도 나도 난감하게 경험했을 법한 기억과 사건을 건드려야 공감이 확 살아납니다. 남의 이야기가 아니라 내 이야기를 해줘야 '그렇지, 나도 그런 적 있어'라고 공감합니다. 그래서 브랜드 스토리텔링이라는 요리를 완성하기 위해서는 반드시 공감이라는 양념이 필요한 겁니다.

단, 그 공감에 대해 여러분이 해결해 줄 능력이 있어야 합니다. 솔루션도 없으면서 공감만 불러일으키면 적이 많이 생깁니다. 그러니 내가 제일 잘 풀어줄 수 있는 해결책을 먼저 적어놓고, 이 문제를 해결하지 못해 불편했을 기억을 소환해 주세요. 고객도 나도 한 번쯤은 당했음 직한 사건의 현장으로 끌고 가서 말입니다.

공감을 더 일으켜주는 브랜드가 반드시 이깁니다.

최근에 기분 좋은 일이 있으셨군요?

공감, 참 근사한 단어인데 이걸 내가 직접 만드는 건 많이 부담스럽습니다. 이번 장에서는 '현상'을 건드려 보도록 하겠습니다.

"최근에 참 기분 좋을 일이 있으셨군요?"

이렇게 물어보면 열에 아홉은 고개를 끄덕입니다. 그리곤 빙긋 웃습니다. 정반대의 질문을 이어갑니다.

"얼마 전에 황당한 일이 하나 있으셨네요."

입술을 깨물며 곰곰이 생각을 하다가 인정을 합니다. 이 질문을 주위 분들에게 한 번 해보세요. 아주 특별한 경험을 하게 되실 겁니다. 왜 같이 살지도 않는데 이렇게 정답을 맞힐 수 있을까요? 그건 우리의 이야기에 상대가 동의할 수 있도록 공감을 조장했기 때문입니다. 기분 좋은 일이 있냐고 물어보면 그 질문에 맞는 좋았던 기억만

스캔합니다. 황당한 일이 있으셨군요 물으면 기분 좋고, 행복하고, 즐겁고, 신나는 기억을 다 제쳐두고 황당한 일들만 찾게 됩니다. 우리가 그렇게 생각을 몰아간 덕분이죠. 그래서 감히 공감은 얼마든지 만들 수 있다고 주장하고 싶습니다.

"요즘 비염 때문에 고생하는 분들이 많으시더라고요." 이렇게 이야기를 시작하면 진짜 비염으로 고생하고 계신 분들은 주목합니다. 왜? 내 이야기니까요. 혹시라도 이 심각한 문제를 해결할 방법이 있나 궁금해집니다. 꼭 비염 환자가 아니더라도 코 때문에, 먼지 때문에, 알레르기 때문에 코가 불편했던 사람들은 이 이야기를 따라오게 되어 있습니다. 그 어떤 현상이라도 상관없습니다. 여러분 브랜드에 좀 더 집중하게 만들고 싶다면 그래서

주목받는 브랜드가 되고 싶다면
현상들을 가져와 브랜드의 이야기로 만들어야 합니다.

"환절기가 특히 심해요. 일교차가 크다 보니 옷 때문에 아주 고민이 많으세요." 대한민국에서 환절기가 아닌 달보다 환절기에 해당하는 달이 더 많다는 사실은 여러분도 잘 알고 계실 겁니다. 그러니 이런 고민을 단 한 번이라도 하신 분들은 공감하게 됩니다. 물론 이 상황에 대한 설명 뒤에 이어지는 솔루션은 여러분 것이 되어야겠죠.

"주머니에 쏙 들어갈 정도로 부피감이 없는 패딩으로 체온을 조절해 보세요." 그러면 궁금해집니다. '얼마나 얇은데 접으면 주머니에 들어가?'. '아주 얇은 패딩이면 입었다 벗었다 하기 쉽겠네'.

'실력 좋아요', '저희 브랜드가 최고예요', '진심을 담았어요', '고객만 바라봅니다', 이런 주장은 백번 천번 해도 뇌에 들어가지 않는데 그도 나도 겪고 있음 직한 현상을 가져오면 아주 쉽게 공감으로 유인할 수 있습니다.

다들 브랜딩 때문에 고민이 많으시죠? 좀 더 인지도가 쌓이고 더 유명해져야 매일매일 내 브랜드만 찾을 텐데. 걱정 마세요. 여러분은 이미 '페이머스'를 손에 넣으셨으니까요.

공감을 더 일으키는 브랜드가
반드시 이깁니다.

6

호감

인간적인 브랜드 만들기

FAMOUS

당신의 브랜드는 인간적인가요?

브랜드는 사람 냄새가 나야 합니다. 인간적인 사람 냄새가 나야 다가가기 쉽습니다. 브랜드가 친근한 냄새를 풍기지 않으면 뇌에 척 들러붙기 어렵습니다. 알 듯 모를 듯, 잡힐 듯 말듯, 직접 설명해 보라고 부탁을 드리면 난감해지실 거예요. 과연 어떤 것이 인간적인 것인가? 이럴 때 활용하면 효과적인 기법이 부정하기입니다. 인간적인 것의 정의를 정확히 못 내리겠다면 정반대 개념인 '비인간적인' 것에 대해 나열해 보면 수월해집니다.

차갑고, 잔인하고, 이기적이고, 폭력적이고, 추악하고.

이걸 뒤집는 겁니다. 인간적인 브랜드를 만들기 위해서는

따뜻하고, 관대하고, 희생적이고, 평화적이고, 아름답고.

위아래 중 어떤 브랜드에 더 끌리세요?

그렇다면 왜 하필 인간적이어야 할까요? 이 시점에서 이런 궁금증이 생길 겁니다. 브랜드가 인간적이어야 하는 이유는 많습니다. 너나 할 것 없이 맹렬히 달리고 있는 자본주의 시장에서 지나치게 비즈니스적이면 외면당하지만, 인간적이면 환영받을 수 있습니다. 인간적인 브랜드는 팬이 많습니다. 언제나 묻히고 마는 그냥 브랜드는 고객을 그저 구매자로 보지만, 인간적인 브랜드는 고객을 친구로 봅니다.

사랑받는 브랜드.

추종자가 많은 브랜드.

존경받는 브랜드.

희생적인 브랜드.

자상한 브랜드.

수식어들을 잘 보세요. 사람에게나 쓸 수 있는 표현들입니다. 온도가 느껴지지 않으시나요? 자, 그럼 지금 당장 무엇을 해야 하냐고요? 위 수식어들을 여러분 브랜드와 결합해 보세요. 그리고 구체적인 실행 방안을 찾아보시죠.

인간적인 브랜드가 되면 될수록
고객이라는 친구들이 늘어납니다.

인간은 캐릭터를 친숙하게 느낍니다

왜 많은 기업이 캐릭터를 만드는지 아세요?

고객에게 좀 더 친숙하게 다가가기 위함입니다. 텍스트로만 표현된 브랜드를 제안하면 벽에 부딪히지만, 인간적인 외형의 캐릭터를 들이대면 인간은 친숙하게 느낍니다.

만두 브랜드의 예시를 들어볼까요? 대부분의 기업은 자사의 장점을 내세웁니다. '우리 재료는 다르다', '100% 국내산 재료만 고집한다', '우린 이런 기술로 무장했다'. 분명 글로 보면 참 좋은 메시지인

여러 기업을 대표하는 캐릭터들

데, 아이러니하게도 '우리는 뛰어나다'라고 주장하는 기업의 이야기에 고객은 귀를 닫습니다. 그저 상술이라 생각합니다.

반대 의견이 있을 수 있습니다. 이정재, 황정민 같은 유명 연예인들을 동원하지 않느냐? 이게 친숙해지려고 하는 노력 아니겠느냐? 물론입니다. 그런데 혹시 구분이 가능하세요? 이 두 분의 빅스타가 광고하고 있는 브랜드가 정확히 무엇인지 한참을 고민하셔야 할걸요? 고대 로마의 빵 가게들이 실력을 과시하기 위해 찍었던 표식처럼 정말 맛이 뛰어나고 혁명적이면 브랜드를 기억하려고 노력하겠죠. 하지만 아직 브랜드를 접해보지 않은 예비 고객들이 선택하게 하려면 친숙함을 느낄 수 있게

브랜드에 인간적인 면모를 갖춰주세요.

눈도 그리고, 코도 그리고, 입고 그려주세요. 이 방법이 가장 쉽게 고객에게 친숙하게 다가가고 덜 잊히고 오래도록 기억에 남는 방법입니다.

일반적인 만두 사진과 눈, 코, 입이 그려진 만두 사진

브랜드의
눈, 코, 입

몸숨쉼 정원.

우나 퍼퓸.

145 스튜디오.

아카데미에서 수업을 들었던 브랜드들입니다. 아이템은 단어로 드러나니 대충 감을 잡을 수 있지만, 이 브랜드들이 어떤 스타일이고, 어떤 성격인지 눈치채기는 쉽지 않습니다. 그래서 다들 부연 설명을 통해 브랜드의 온도를 전달하려 노력을 합니다.

스트레스로 지친 현대인에게 힐링을 선물하는 몸숨쉼 정원.

조향의 끝판왕 우나 퍼퓸.

생각한 것보다 더 아름답게 145 스튜디오.

이제 좀 손에 잡힙니다. 수식어들을 통해 내 브랜드를 표현하려는 노력이 보이기 시작합니다. 그런데 아직 온도가 느껴지지는 않습니다.

이미 말씀드렸죠? 사람들은 인간적인 브랜드를 좋아한다고. 당신을 닮고 비슷한 브랜드에 끌린다고. 앞의 브랜드는 각각의 특징은 알겠는데 사실 인간적인지는 아직 모르겠습니다.

자, 그럼 본격적으로 시작해 볼까요? 왜 세계적인 브랜드들은 캐릭터를 만들고 이 친구들을 가능한 한 많은 지구인들에게 노출시키기 위해 천문학적인 비용을 쓰는 걸까요? 친근감이 더 많은 호감과 매출을 가져온다는 사실을 알고 있는 겁니다. 그래서 캐릭터를 만들어 사람들 근처로 가져다 놓습니다.

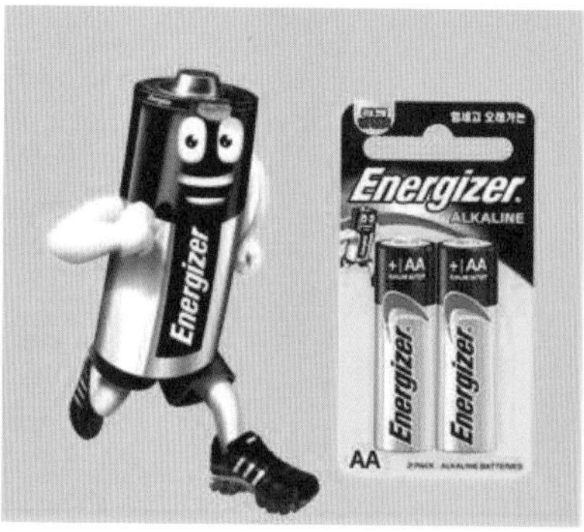

같은 브랜드의 상품인데도 왠지 왼쪽 상품이 더 친근하게 느껴집니다. 캐릭터라는 징검다리가 있으니까요. 사고자 하는 사람들과 더 닮고 비슷하니까요.

이번 장에서는 어떻게 하면 이렇게 훌륭한 캐릭터를 가질 수 있는지 아주 쉽고 간단하게 설명 드리려고 합니다. 여유자금이 한 2,000만 원 정도 있다면 실력 있는 디자인 업체에 의뢰를 해서 캐릭터도 만들고, 이 캐릭터가 들어간 굿즈도 개발하고, 홍보도 하면 좋겠지만, 현실적으로 캐릭터 디자인에 큰돈을 태울 수 있는 자영업 브랜드는 많지 않습니다. 그래서 10원도 들이지 않고 캐릭터를 만들 수 있는 노하우를 전격 공개합니다. 아래의 캐릭터들을 잘 보세요. 한 친구 한 친구 아주 세세하게 관찰해 보세요. 이 친구들이 공통으로 가지고 있는 게 뭘까요?

인간과 닮은 〈카카오〉의 캐릭터들

머리, 눈, 코, 입, 팔, 다리…. 스타일은 각기 다르지만, 인간이 가지고 있는 눈, 코, 입이 있습니다. 한데 브랜드는 눈, 코, 입이 없습니다. 그래서 스스로 말을 못 하고 본인 소개도 하지 못합니다. 왜 사야 하는지 설명할 방법이 없습니다. 그래서 만들었습니다. 언제든 말풍선을 달아 얼마든지 자신감 있게 브랜드를 소개할 눈, 코, 입을요.

스마트폰에 있는 펜으로 점만 두 개씩 찍어봤습니다. 네? 무서우시다고요? 그럼 표정이 드러나게 입도 그려볼까요?

지금 이 순간부터 여러분은 대한민국을 대표하는 캐릭터 아티스트입니다. 그러니 여러분의 상품과 서비스를 캔버스 삼아 매직으로, 크레용으로, 수채 물감으로, 연필로, 펜으로 눈, 코, 입을 그려 보세요. 사람들이 여러분 브랜드를 더 친근하게 느낄 수 있게 말입니다.

잊지 마세요.
닮아야 팔립니다.

자랑보다 기원해주세요

브랜드 자체는 고객들에게 말을 걸 수 없지만 캐릭터는 할 수 있습니다. 은밀하게, 씩씩하게, 당당하게, 조심스럽게, 강렬하게, 잔잔하게, 예쁘게, 다소곳하게, 음흉하게, 근사하게, 근엄하게 말을 걸 수 있습니다. 캐릭터가 정말 어울릴 것 같지 않은 독한 소주조차도 이렇게 변신했습니다.

캐릭터의 중요성을 보여주는 하이트진로의 소주 〈진로〉

진로의 역사는 캐릭터가 생기기 전과 후로 나뉜다고 감히 말씀드리고 싶습니다. 좌우를 비교해 보시면 어느 쪽이 말을 걸어오는지 느껴지실 겁니다. 그나저나 메시지를 전달할 수 있게 되었는데 어떤 이야기를 전달하면 좋을까요?

우리는 브랜딩 공부를 통해 '내 이야기를 하면 사람들이 별로 좋아하지 않는다'라는 사실을 알아차렸습니다. 반대로 사랑받기 위해서는 나보다 '너', 즉 상대가 좋아할 만한 이야기를 해주는 것이 훨씬 더 강력한 무기가 된다는 것도 배웠습니다. 이번 장에서는 '기원Pray 하는 브랜드'에 대해 설명 드리겠습니다.

자랑하기보다 기원해 주세요.

천연암반수로 만들었습니다 vs 당신의 숙취까지 책임지고 싶습니다

6기통 최신 세단 vs 당신의 성공을 기원합니다

초대형 럭셔리 크루즈 여행 vs 일상의 탈출과 자유를 기원합니다

거의 모든 비즈니스맨들이 팔고야 말겠다고 난리를 치는데 돕겠다는 사람이 나섭니다. 본인 이야기는 접어두고 나를 돕겠다고 기원까지 해줍니다. 감사한 브랜드이자 주장이 아닐 수 없습니다. 이렇게 이타적으로 보이는 게 중요합니다. 경쟁자들에 비해

기원해 주는 브랜드에는 진심이 담겨 보입니다.

우린 종종 진심을 운운하는 브랜드들을 만나곤 합니다. 그런데 이런 주장을 하는 분들의 행동을 찬찬히 관찰하다 보면 놀라운 사실을 발견하게 됩니다. 숭고한 가치를 지니고 있어야 할 이 진심이 고객이 아니라 본인을 위한 진심일 때가 많습니다. 입으로는 진심이라는데 고객의 만족과 행복 그리고 가치를 위한 진심이 아니라 더 벌기 위한 진심일 때가 많습니다. 진심을 내 브랜드의 설명어로 사용하고 싶다면 여러분이 고객을 위해 최선을 다하고 있다는 사실을 있는 그대로 보여주세요. 그리고 진정으로 그들이 잘 되길 빌어주세요.

"감사합니다! 또 오세요."

아마도 소비자 입장에서 가장 많이 듣는 이야기지 싶습니다. 이런 표현들은 인간의 뇌에서 걸러집니다. 인사말 하나에도 얼마든지 기원을 담을 수 있습니다.

"세상에서 제일 재미있고 행복한 하루 보내세요."

당신의 인사말을 듣는 고객은 이런 생각을 합니다. '어라? 행복하라고? 이 사장님 재미있네'. 재미는 예측할 수 없는 즐거움입니다. 남들 다 하는 뻔한 인사와 달라서 좋고, 이 집만 이런 인사를 해주니 더 기억에 남을 것이고, 게다가 내 성공과 행복 그리고 재미까지 빌어주다니. 얼마나 고마운 일입니까!

당신의 고통이 사라지도록 기원합니다.

당신의 고민이 줄어들도록 기원합니다.

당신의 불편이 없어지도록 기원합니다.

당신이 더 편리해지도록 기원합니다.

당신에게 더 이익이 되도록 기원합니다.

당신의 행복을 기원합니다.

여러분도, 직원들도, 캐릭터도 다 같이 빌어주세요. 브랜드를 찾아준 고객이 방문 전보다 더 행복해질 수 있도록 말입니다.

48시간 안에 기분 좋은 일이 생길 겁니다

너무나 간절히 도움이 필요했던 수강생에게 선물했던 문장입니다. 커피를 내줄 때 명함 사이즈에 인쇄한 이 글귀를 같이 내드립니다. 이제껏 단 한 명의 고객도 이 메시지에 불쾌함을 표하거나 마다한

분이 없었답니다. 아니, 오히려 열에 아홉은 고개를 끄덕여 감사를 표시한다고 해요. 왜? 나의 행복을 빌어주었으니까요.

기원해 주면 기대게 됩니다.

KICK

어떤 기원을 어떻게 하는 것이 브랜드에 도움이 되는지 설명 드리겠습니다. 여러분 브랜드의 팬으로 모시고 싶은 사람들에게 선물하고 싶은 단어 10개를 1분 안에 적어보세요.

자신감 열정 사랑 돈 명예 의리 가족 격 디테일 명성

브랜드 엑기스를 뽑는 방법을 가져와 여러분의 생각을 정리해 드리도록 하겠습니다. 앞에서부터 두 단어씩 조를 짠 뒤 더 소중하게 생각되는 쪽만 살리고 나머지는 버리세요. 버려야 삽니다. 덜어내지 못하고 더하려고만 든다면 고객은 질려버립니다. 과감해져야 합니다.

자신감 돈 명예 가족 디테일

절반으로 줄어든 단어들 중에 이렇게 마지막 세 단어를 모셨습니다.

명예 가족 디테일

이제 펜을 꾹꾹 눌러 이 세 가지 선물을 여러분 브랜드의 상품 혹은 서비스에 연결해 주세요.

"○○ 브랜드로 명예를 선물하겠습니다."
"○○ 상품으로 가족을 선물하겠습니다."
"○○ 서비스로 디테일을 선물하겠습니다."

왜 그토록 많은 세계적 기업들이 무엇인가 준다고, 드리겠다고 그리고 선물하겠다고 외쳐왔는지 이제 이유를 파악하셨을 겁니다. 그냥 빌어주는 것도 좋지만 정확히 '어떤 것을 어떻게 기원해 줄지'를 드러내고 싶다면 선물이라는 표현을 쓰세요. 그래야 당신의 브랜드를 사람들이 귀하게 여겨 줍니다. 언제든 여러분 브랜드를 제일 먼저 떠올립니다. 물건 팔려고 애를 쓴 브랜드가 아니라 진심으로 나의 행복을 빌어주고 선물해 준 브랜드니까요.

취미가 같으면
3배 빨리 친해집니다

오마주Homage, 프랑스어로 '존경'을 의미하는 단어입니다. 원래 오마주는 중세의 기사 서임식 중 하나로, 앞으로 모셔야 할 주군 앞에 한 쪽 무릎을 꿇고 앉아 두 손을 합장하고 고개를 숙이는 자세를 말합니다. 주군에 대한 최고의 예우라고 할까요? 오마주는 이후 다른 작품의 핵심 요소나 표현 방식을 흉내 내거나 인용하는 것을 의미하게 됩니다. '존경'의 의미를 담아 원작에 대한 존경심을 표출하는 것이 목적입니다.

자, 이걸 비즈니스 카테고리로 가져오겠습니다. 내 브랜드에 내가 존경하는 선생님, 작가, 아티스트, 운동선수, 유명인, 봉사자들에 대한 존경을 담을 수만 있다면 획기적인 브랜딩 전략이 될 수 있습니다. 올림픽이 시작되면

"저희 브랜드는 대한민국 태극전사들의 땀과 노력을 믿습니다."
"목표를 달성하실 수 있도록 두 손 모아 기원하겠습니다."

굳이 하지 않아도 되는 일이지만 이런 브랜딩 전략을 활용하는 데는 이유가 있습니다. 브랜딩의 목적은? 그렇죠, 내 브랜드를 사람들이 잊지 못하도록 떠오르게 만드는 겁니다. 그래야 언제 어디서든 부름받을 기회가 주어지니까요. 사람들이 덜 잊고 더 오래 기억하도록 만들려면 친근해지면 됩니다.

공통 분모를 가진 사람들은 훨씬 더 친근감을 느끼게 됩니다. 어릴 적에도 그랬고 학창 시절에도 그랬습니다. '너 HOT 팬이야? 나도 팬인데'. 이러면 급속도로 친해집니다. 그 친구가 좋아하는 음악이 좋아지고, 스타일이 좋아지고, 먹고 마시는 것도 더 좋아집니다. 뇌과학자들이 밝힌 연구 결과가 있습니다.

취미가 같으면 3배 더 빨리 친해진다.

그래서 오마주를 건드리는 겁니다. 너도나도 좋아할 만한 대상을 찾아 대놓고 좋아한다고 존경한다고 드러내는 겁니다. 브랜드를 더 좋아지도록 만들기 위해서는 고객이 좋아하는 것들을 긁어모을 필요가 있습니다. 밋밋하게 내 브랜드가 누굴 좋아하고 존경하는지도 가르쳐주지 않는 게으름을 버리시고 적극적으로 표현해 주세요.

"김성근 감독님과 최강야구 선수들의 부활을 응원합니다."
"국가대표 양궁팀의 올림픽 10연패 축하합니다."
"BTS 덕분에 외국 손님들이 늘었습니다, 고마워요."

내 브랜드와 유명인들과의 연결 고리를 만들어주세요. 그러면 그 유명인을 좋아하고 존경하는 사람들과 여러분 브랜드의 연결 고리가 생길 테니까요. 모차르트의 음악을 틀고, 봉준호 감독의 영화를 스크린에 쏘고, 유명 화가의 명화를 거는 이유. 고객과의 친근감을 만들기 위함입니다. 드러내면 그만큼 더 많은 같은 편을 만들 수 있고, 가만히 있으면 아무도 몰라줍니다. 저랑 약속 하나 하시죠. 정말 좋아하고 존경하는 대상이 있다면 당당하게 밝히고 걸어주세요. 한시라도 빨리 같은 입장의 고객을 찾아야 하니까요.

인간은 '인격', 브랜드는 '브격'

브랜드 퍼스널리티라는 것이 있습니다. 인간에게 인격이 있는 것처럼 브랜드도 '브랜드의 격'이 있습니다.

사람들이 구매하는 건 상품이 아니라 생각입니다.
사람들이 인정하는 건 제품이나 서비스가 아니라 브랜드입니다.

구매 당하고, 인정받고, 좀 더 친근하게 취급당하고 싶다면 퍼스널리티가 확실히 드러나야 합니다. 모든 사람의 사인이 다르듯이 브랜드의 퍼스널리티 역시 다를 수밖에 없습니다. 그런데 아주 많은 브랜드 오너들이 실수를 합니다. 좋아 보이면 가져다 쓰고, 근사해 보이면 훔쳐 오고, 오래 간다 싶으면 베껴 쓰고, 인기 좀 있다 싶으면 너도나도 쓰려고 하다 보니 다들 닮아져 버렸습니다. 이것이 브랜딩에 있어서는 치명적인 독이 된다는 사실도 모른 채 말입니다. 여러 가지 해석이 있습니다만 저는 브랜드 퍼스널리티를 이렇게 정의합니다.

브랜드에 부여된 인간적 특성.

인간에게 성격이 있듯이 브랜드에도 성격이 있어야 한다 이 말입니다. 왜? 그래야 비슷한 성격의 사람들이 관심을 갖고, 주목하고, 이야기를 듣고, 설득당하고, 구매해 보고, 스스로의 문제를 풀고, 다시 또 찾을 테니까요. 그런데 안타깝게도 브랜드를 보유한 수많은 오너들은 이 퍼스널리티에 집중하지 않고 오늘도 상품에만 몰두합니다. 단적인 예를 하나 들어볼까요? 여러분은 아래의 브랜드 중 어떤 브랜드가 마음에 드세요?

자상한 브랜드.
착한 브랜드.
냉정한 브랜드.
재미있는 브랜드.
치밀한 브랜드.
에너지가 넘치는 브랜드.
아름다운 브랜드.
귀여운 브랜드.
터프한 브랜드.
섹시한 브랜드.

여러 개를 고르실 수도 있습니다만, 딱 하나만 골라야 한다면 아마도 여러분과 가장 비슷한 브랜드를 고를 가능성이 아주 높습니다.

지금 언급한 '여러분과 비슷한'이라는 의미에는

1. 여러분이 현재 가지고 있는 그 성격 자체일 수도 있고

2. 여러분이 가장 원하는 스타일일 수도 있고

3. 여러분에게는 없어서 간절히 보강하고 싶은 퍼스널리티

일 수 있습니다. 이것이 바로 고객의 생각과 기준입니다. 결국 스스로와 가장 비슷하거나, 닮고 싶거나, 가지고 싶은 성격. 이런 퍼스널리티가 느껴지는 브랜드를 선호합니다. 그러니 지금 이 순간부터 여러분이 집중하셔야 하는 포인트는 상품의 기능과 성능의 보완이 아니라 (물론 이건 기본입니다) 여러분 브랜드에 성격을 부여하는 겁니다. 여러분이 원하는 성격으로 보일 수 있도록 모양, 색깔, 스토리, 폰트, 패키지, 이름, 캐릭터, 로고, 숫자, 연상, 이미지 등을 연결해야 합니다. 한두 가지 대충 슬쩍 밀어 넣어서는 매일매일 똑똑해지는 소비자들을 설득하기 어렵습니다. 그러니 세상의 고객들을 여러분 브랜드로 사로잡고 싶다면

활동적인, 적극적인, 공격적인, 이타적인, 매력적인, 직선적인,
똑똑한, 차분한, 발랄한, 재치 있는, 자신 있는, 협조적인,
용감한, 헌신적인, 근면한, 성실한, 활기찬, 친근한,
관대한, 겸손한, 정직한, 재미 있는, 창의적인, 진지한,
친절한, 개방적인, 예의 있는, 상냥한, 사려 깊은, 믿음직한,

이 단어 중 하나를 여러분 브랜드에 입혀주세요. 가장 마음에 드는 단어가 여러분 브랜드를 대변해 줄 겁니다. '매력적인'이라는 단어를 골랐다면 간판에서부터 브랜드를 구성하는 온갖 것들이 매력적인 요소를 담고 있어야 합니다. 그냥 생각 없이 보이는 것들이 없도록 꼼꼼하게 리스트를 만드세요. 그리고 여러분 브랜드 안팎으로 매력을 집어넣어 주세요.

제일 중요한 포인트를 놓칠 뻔했네요. 스스로가 매력적으로 변하지 않으면 브랜드를 매력적으로 만드는 건 절대 불가능합니다. 생각이 먼저 매력적으로 변해야 브랜드도 매력적으로 만들 수 있습니다. 컨설턴트가 대신 생각해 주고, 디자이너가 대신 입력해 주고, 업자들이 대신 도배해 주는 퍼스널리티로는 죽어도 매력적인 브랜드가 될 수 없습니다.

브랜드는 여러분의 생각과 인격을 쏙 빼닮습니다.

이미지와 이미지를 직접 조합하고, 붙이고, 연결해 주세요. 그래야 사람들이 여러분 브랜드를 매력적이라고 느낍니다. 지금 당장 여러분 브랜드가 가졌으면 하는 퍼스널리티를 이 페이지에 적어보세요. 브랜딩 작업이 설레기 시작할 겁니다.

당신은 누구를 뽑으시겠습니까?

면접관이 되셨습니다. 당신 앞에는 지원자가 네 명 앉아 있습니다. 공기가 무겁습니다. 이력서를 훑어봅니다. 지원자 넷을 스캔합니다. 이력서 내용과 지원자의 대답을 교차 체크합니다. 그중 한 명에게 질문을 던집니다. 지원자는 함부로 먼저 이야기를 꺼낼 수 있는 상황이 아닙니다. 과연 당신은 이 네 사람 중 누구에게 말을 건네게 될까요? 성적이 좋은 사람? 인간성이 좋은 사람? 정답은 당신이 호감을 느끼는 사람입니다.

1990년대 후반 미국의 심리학자 타니아 차트랜드와 존 바흐가 아주 재미난 실험을 했습니다. 수십 명의 실험 대상자들을 두 명씩 짝을 지었습니다. 그리고 카드에 인쇄된 12명의 사람에 대해 상대에게 15분간 설명을 시켰습니다. 나는 볼 수 있지만 상대는 이 카드의 인물들을 볼 수 없습니다. 상대에게 얼마나 호감을 느끼고 또 대화가 순조로웠는지를 따져보는 테스트였습니다. 짝을 맺은 두 사람 중 한 명은 주최 측이 심은 조교들이었습니다. 대상자들을 두 그룹으로 나누어 테스트를 진행했습니다. 1번 그룹은 조교가 상대의 행동(머리를 쓰다듬거나, 귀를 만지거나, 안경을 올리거나, 입술을 만지거나)을 따라 하고, 2번 그룹은 보통의 대화처럼 그냥 이야기를 나누라고 했습니다. 행동을 전혀 따라 하지 않았습니다. 대화가 끝난 후 상대에 대한 평가를 물었습니다. 결과는 1번 그룹, 즉 상대의 행동을 따라한 쪽이 호감도에서 월등한 점수를 받았습니다. 이걸 카멜레온 효과라고 합니다. 상대방의 행동과 표정을 눈치채지 못하게 따라 하는 사람 그리고 나의 행동과 닮은 사람들을 더 많이 신뢰하게 된다는 현상을 말합니다.

네덜란드에서는 이런 실험도 있었습니다. 레스토랑에서 주문을 받는 직원이 고객의 주문 내용을 그대로 한 번 더 복명복창하는 경우와 그렇지 않은 경우에 어느 쪽에 더 호감을 느낄까? 이 실험의 답은 팁이 대신 말해줍니다. 전자가 무려 70%나 팁을 더 받았습니다. 식사에 대한 만족도 질문에서도 동일했고요.

인간은 자신과 닮은 사람에게 더 친근감을 느낍니다. 자, 다시 한 번 여쭙겠습니다. 당신은 네 명의 지원자 가운데 누구에게 질문을 던지고, 관심을 보이고, 후한 점수를 줄까요?

정답은 당신과 닮은, 즉 비슷한 사람입니다.

당신과 외모가 비슷한 사람, 당신의 생각과 비슷한 사람, 당신과 자라온 환경이 비슷한 사람, 당신과 취미가 비슷한 사람, 고향이 비슷한 사람, 혈액형이 비슷한 사람. 인간관계에서 왜 학연, 지연, 혈연이 강하게 작동하는지 이제 아시겠죠? 그러니 사람들에게 더 많이 선택

되고, 더 오래 기억되고, 잘 잊히지 않는 브랜드가 되고 싶다면 설득하고 싶은 사람과 닮아지세요. 그래야 마음에 들어합니다. 만약 이게 너무 힘들다면 고객이 스스로 당신이 제공하는 것들과 닮아있다는 생각이 들만한 요소들을 제공하세요.

그냥 오프너 대신 당신과 비슷하거나 닮은 오프너.
그냥 북 엔드 대신 당신과 비슷하거나 닮은 북 엔드.
그냥 케이크 대신 당신과 비슷하거나 닮은 케이크.
그냥 도넛 대신 당신과 비슷하거나 닮은 도넛.

그냥 상품과 서비스로는 죽어도 까칠한 그 양반들을 설득할 수 없습니다. 당신과 닮은 혹은 그분들과 닮은 녀석들을 배치해 줘야 여러분 브랜드를 기억할 겁니다.

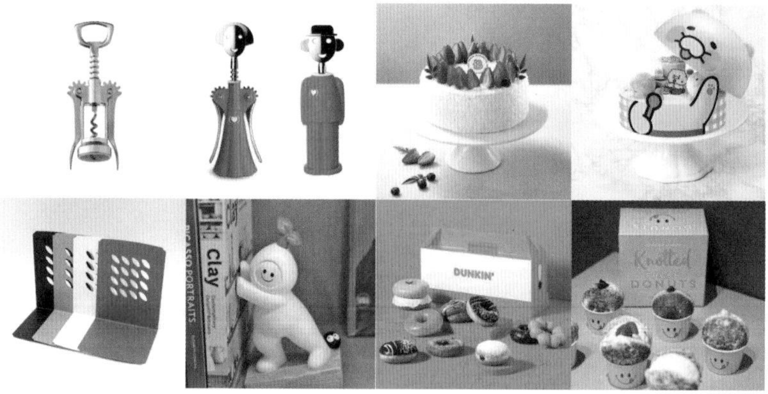

7

포지셔닝

브랜드의 영역을 주장하라

FAMOUS

영역표시는 확실하게

참 많은 사람들이 포지셔닝에 대해 말합니다. 이게 정답이다, 저게 정답이다, 주장이 참 많습니다. 아주 간단하게 포지셔닝에 대한 제 생각을 설명 드리자면 이렇습니다.

포지셔닝은 '포석'이다.

여러분의 브랜드가 자리 잡아야 할 곳은 고객의 뇌와 시장입니다. 그림으로 설명 드려볼까요?

바둑판이 여러분이 진출하고 장악하고자 하는 시장입니다. 이미 여러 브랜드들이 포진해 있습니다. 깃발을 꽂은 곳들이 여러 군데 보입니다. 상대의 영역을 내 것으로 뺏어와야 합니다. 그래서 시장에 진출할 때는 대부분 어느 곳을 차지하고 들어가야 하는지 고민이 많아집니다. SWOT 분석도 하고, x축 y축 포지셔닝 그래프도 그려보고, 상권분석도 하고, 경쟁자 분석도 합니다. 그런데 기존의 도구들은 하면 할수록 어려워집니다. 이제 좀 간단해집시다. 가장 쉽고 편한 방법으로 고객의 뇌 속을 파고들어 갑시다. 똬리를 틀지 못하면 끝장입니다.

대기업처럼 자금이 어마어마하다면 이야기는 쉽습니다. 초대형, 최고급, 최신 기술, 유명 모델을 모두 동원해 하루 종일 광고를 해대면 되니까요. 하지만 우리는 이런 행복한 조건들이 없습니다. 작은 브랜드를 운영하는 대표들이니까요. 모든 채널을 이용해 여러분의 존재를 알려야 합니다. 간단합니다. 물리적 존재감부터 시작하는 겁니다.

"잠실 샤롯데에는 몽중식이 있다."

"방이동에는 청와옥이 있다."

"마곡에는 산청숯불가든이 있다."

"이천에는 강민주의 들밥이 있다."

"하남에는 제주 덕구가 있다."

"북창동에는 한가람이 있다."

"강동구에는 꿀꿀진순대가 있다."

"라페스타에는 명인설렁탕이 있다."

"월미도에는 달쭈꾸미가 있다."

"광주에는 상무초밥이 있다."

"목포에는 대반동201이 있다."

자, 이렇게 포석하는 겁니다. 반복 강조합니다. 여러분의 존재는 알리지 않으면 아무도 모릅니다. 이렇게 깃발을 먼저 꽂고 쐐기를 박아야 영역표시가 가능해집니다. 내가 먼저 주장해야 자리를 빼앗기지 않습니다. 한 마디로 포지셔닝의 첫 포석은 '나 여기 있다'라고 알리는 '아유'입니다.

我有.

다음이 아주 중요합니다. '여기 있는 건 알겠는데, 도대체 왜 있는 거니?'. 이렇게 묻는 질문에 명확하게 대답할 수 있어야 합니다. 아유 다음은 '이유'입니다.

理由.

브랜드의 존재 이유라고 할까요? 혹은 탄생 배경이라고 할까요? 이 질문에 생각 없이 '돈 벌기 위해서'라고 대답했다가는 큰일 납니다. 그나마 있던 손님들도 다 도망갑니다. 반면, 당신의 브랜드가 존재하는 이유가 사람들을 돕기 위함이라고 밝히면 주의를 끌 수 있습니다.

"당신의 노동을 돕겠습니다."

"회사의 청소를 돕겠습니다."

"비만 해결을 돕겠습니다."

"두통 해소를 돕겠습니다."

"빨래를 돕겠습니다."

"회식을 돕겠습니다."

"도심 속 휴식을 돕겠습니다."

"쇼핑의 수고로움을 돕겠습니다."

"당신의 책 선택을 돕겠습니다."

돕겠다고 해야 고객이 뇌의 빗장을 풀어줍니다. 해결해 주겠다고 해야 그나마 시장에서 자리라도 펼 수 있습니다. 브랜드가 가지고 있는 노하우와 기술을 자랑하면 고객에게 외면당하지만, 이 노하우와 기술로 그들을 돕겠다고 하면 관심을 보입니다. 재미있는 사실이죠? 포지셔닝의 대가 잭 트라우트 선생이 이런 이야기를 했습니다.

> "포지셔닝은 제품에 대해 무엇을 하는 것이 아니라, 소비자의 마음에 어떤 행동을 하는 것이다. 당신의 제품이 소비자의 마음속 어디에 자리 잡을지 생각해야 한다."

그래서 다들 소비자 마음을 흔들기 위해 은근히 다음과 같은 메시지를 반복적으로 노출합니다.

나이키는 당신이 진짜 운동선수처럼 운동하는 걸 돕습니다.

디즈니랜드는 당신 가족이 한껏 즐길 수 있도록 돕습니다.

애플은 당신이 스마트폰과 노트북으로 과시할 수 있도록 돕습니다.

삼성은 신혼 가전으로 당신의 생활을 돕습니다.

딤채는 당신이 제대로 김치를 보관하게 돕습니다.

상품이 아니라 고객의 마음을 움직여야 합니다.

자리를 잡는다고 다가 아닙니다. 어렵사리 한 자리 얻었는데 체급과 주장이 비슷한 선배들이 많다면 이들과 또 피 튀기는 싸움을 해야만 합니다. 그러니 그 어느 누구와도 부딪히지 않을 자리를 노립시다. 고객의 뇌가 단 한 번도 들어본 적 없는 제안으로 당당히 한자리 얻어내자고요. 그래야 입성 후에도 피곤하지 않아 집니다. 비슷한 주장으로 싸우지 마세요. 싸우지 말고 이기세요.

포지셔닝은 자리 뺏기

"즐겁게 춤을 추다가~ 그대로 멈춰라!"

후다닥 의자에 앉으려고 온몸을 던졌던 기억이 있습니다. 자리는 한정되어 있는데 앉고 싶은 사람은 많고. 얼굴은 웃고 있지만 몸과 마음은 전혀 다른 생각을 하고 있는. 포지셔닝은 의자 뺏기 게임과 닮아 있습니다. 내가 원하는 그 자리를 차지하지 못하면 탈락입니다. 그대로 게임에서 아웃 됩니다. 그리고 자리를 차지한 사람만이 기억됩니다.

포지션은 지금 자리,
포지셔닝은 원하는 자리.

대부분 본인이 정확히 무엇을 원하는지 잘 모릅니다. 그래서 성공적인 포지셔닝이 어려운 겁니다. 과녁이 정확해야 맞히든지 말든지 하지요. 정작 포지셔닝을 하겠다고 덤비는 브랜드를 보면 안타깝기

그지없습니다. 힌트 하나, 고객들에게 어떤 대접을 받고 싶으세요? 개척자? 아티스트? 이걸 정하고 나면 그다음에 필요한 건 뭐? 그렇습니다. 스피드! 영감이 떠오르면 경쟁자들이 채 마음을 먹기도 전에 실행에 옮기는 겁니다. 일단 한 번 하고 보는 겁니다. 망설일 여유가 없습니다. 점유해야 합니다.

占有.

아유, 이유에 이어 이제 점유입니다. 제일 처음 시도한, 당신들이 처음 보는 브랜드라는 것을 반드시 알려주세요.

선풍기에 날개를 없앤 첫 번째.
모텔방에 캠핑카를 넣은 첫 번째.
순댓국에 산낙지를 넣은 첫 번째.
PC방에 요리를 넣은 첫 번째.
전기면도기 물로 씻어도 되는 첫 번째.

처음은 아주 큰 의미를 갖습니다. 그 누구보다 먼저 빨리 문제를 해결한 존재라는 사실만으로 기억할 만한 대상이 됩니다. 캐리어가 죽도록 외치는 것도 최초로 에어컨을 개발한 브랜드다, 벤츠 역시 최초로 자동차 엔진을 만든 브랜드다, M&M's는 손에 묻지 않는 초콜릿을 최초로 만든 브랜드다, 루이비통은 3중 잠금장치를 여행백에 최초로 부착한 브랜드다…. 이렇게 '최초'를 포인트로 잡는 데는 이유가 있습니다. 바로 스카치테이프처럼, 호치키스처럼, 포스트잇처럼 대명사가 될 수 있기 때문입니다.

자, 정리합니다. 여러분 브랜드가 존재한다는 사실과, 그 존재의 이유 그리고 최초 만들기. 체화시킨다면 얼마든지 전설적인 브랜드가 될 수 있습니다.

악마의 크림, 누텔라를 처음 넣은 붕어빵.
접이식 종이 그릇에 처음 비빔밥을 담은 루이비통 레스토랑.
얼음을 처음으로 냉탕에 넣어준 사우나.
아메리카노에 소금을 넣어 솔트커피를 즐기게 만든 최초의 카페.

그 누구에게도 자리를 빼앗기지 않고 독차지하고 싶으세요? 그럼 절대로 경쟁자에게 생각이 읽히면 안 됩니다. 예상치 못한 기동력과 고도의 개인기로 영역 표시를 하세요. 사람들은 가장 빨리 최초라는 깃발을 꽂은 당신 브랜드만 기억할 겁니다.

최고가 포지셔닝 전략

브랜딩을 맡으면 가장 자주 활용하는 방법입니다. 무조건 최고가를 만듭니다. 병원이든 김밥이든 호텔이든 제조공장이든 홍삼이든 과일이든…. 최고가로 강력하게 인두질합니다. 평상시 구매했던 준거 가격을 훌쩍 뛰어넘는 가격을 만나면 '헉' 소리가 나옵니다.

"빙수 한 그릇에 10만 원이 넘다니! 금칠이라도 한 거야?"

최고가를 만들면 세 가지 믿을 수 없는 일들이 벌어집니다. 일단 뉴스에 실립니다. 보도자료만 알차게 작성해서 보내면 기사를 실어줍니다. 요새는 크몽 같은 사이트에서 보도자료도 대신 작성해 주고, 언론사에 릴리스 해주는 서비스도 하더군요. 수많은 경쟁사들에 묻혀 늘 홍보만 외치던 분들에게는 정말 희소식이 아닐 수 없습니다. 최고가는 반드시 주목받습니다. 단, 그 가격을 받을만한 실력이 있어야 합니다. 가격만 비싸고 그 가치를 못하는 브랜드는 역풍을 맞을 수밖에 없다는 사실 반드시 기억하시고요.

최고가를 만들면 유리한 점 두 번째. 은근히 실력을 자랑할 수 있다는 겁니다. 자, 다음 두 브랜드의 햄버거 중 어느 쪽이 더 실력이 있을까요?

수제 햄버거 12,000원 VS 수제 햄버거 15,000원

인간의 뇌에는 간단한 판단 기준이 있습니다. 좋은 건 비싸고, 후진 건 싸고. 고급스러운 건 비싸고, 서민적인 건 싸고. 그래서 높은 가격을 보면 '아 비싸구나' 느꼈다가도 이내 판단합니다. '뭔가 이유가 있지 않겠어? 언젠간 먹고 말 테다'. 이런 '생각의 지름길', 휴리스틱이 동원되어 싸고 좋은 것에 대해서는 고개를 갸우뚱합니다. 비싼 건 좋다는 걸 알기에 비싸야 할 것이 싸면 의심을 합니다. 생각해 보세요. 벤츠가 900만 원이라면 믿으시겠어요? 밍크코트가 50만 원이라면? 그래서 가격이 심하게 착한데 퀄리티가 극강이라고 하면 귓등으로 듣고 흘립니다. 뇌 속에서 갈등을 빚게 되니까요. 그 덕에 최고가를 만들면 최소한 이런 평가는 받을 수 있습니다.

"다른 건 몰라도 좋은 재료는 썼나 보네."

최고가를 만들면 확실히 꽂히는 세 번째 이유. 귀해집니다. 희소해집니다. 그러니 제발 최고가를 만들어주세요. 안 팔리면 어떻게 하냐고요? 설령 그렇다 치더라도 최고가를 만들 수 있는 실력과 퀄리티를 갖춘 브랜드라는 평가는 받을 수 있잖아요. 저는 이런 믿음이 있습니다.

최고가는 무조건 팔린다.

그건 두 부류의 고객이 존재하기 때문입니다. 전 세계에는 생각보다 부자가 많습니다. 소득수준이 높지 않은 동네에도 부자는 존재합니다. 땅 주인도 있고, 건물주도 있고, 언제 어디에나 부자들이 있기 마련입니다. 이분들을 겨냥하세요. 정당한 대접을 받을 수만 있다면 소비자는 얼마든지 지불합니다. 이런 부자들이 있는가 하면 또 한편에는 아주 용감한 분들도 계십니다. 소위 이노베이터라고 불리는 분들인데요, 묻지도 따지지도 않고 신상품, 최고가 상품이 등장하면 일단 사고 봅니다. 도전 의식이 아주 강한 분들입니다. 만약 이런 분들 눈에 띄어서 긍정적인 평가까지 받는다면 그 뒤를 얼리어답터들이 따라옵니다. 이분들은 이 귀한 경험을 널리 알리기 위해 대단히 적극적으로 반응합니다.

그러니 크게 고민하지 않으셔도 됩니다. 일단 최고가를 설정하고 그에 걸맞은 격을 채워 넣으세요. 방법이요? 궁금하시죠? 궁금하면 20,000원!

아메리카노 한 잔에
2만원?

상품이 아니라 가격을 먼저 일단 정하자고 제안하는 이유는 이렇습니다. 현재 가격에서 인상하자고 하면 암담해집니다. '도대체 몇 %나 올려야 하는 거야?'. 출발점이 현재의 '나'이다 보니 엄두가 안 납니다. 관습적인 사고 때문입니다. 지난 수년간 그럭저럭 굴려온 시스템을 다 뒤집어야 하니 머리가 복잡해집니다. 그래서 뜬금없어 보이실지 모르겠지만 가격을 먼저 정하자고 말씀드린 겁니다.

여러분이 매일 만나는 아메리카노를 예로 들겠습니다. 일반적으로 카페의 아메리카노는 5,000원 정도입니다. 스페셜티를 드립으로 내려주는 매장들은 10,000원을 넘게 받기도 하죠. 스타벅스 가격의 거의 2배입니다. 물론 제가 아직 경험하지 못한 더 비싼 커피도 존재할 겁니다. 오늘은 5,000원짜리 커피를 기준으로 말씀드려보겠습니다. 내 브랜드의 커피 가격은 5,000원입니다. 자, 이제 최고가 커피를 만들 겁니다.

"아메리카노 20,000원."

여러분은 그간 어떻게 가격을 결정하셨는지요? 경쟁자 분석? 시장 평균가? 원가 분석? 예를 하나 들어볼까요? 1월 1일 가격을 결정했습니다. 그런데 느닷없이 전염병이 퍼지고, 이웃 나라에서 전쟁이 터지고, 금리가 미친 듯이 오릅니다. 그럼 자연산 회처럼 시가를 받으실 겁니까? 쉽지 않습니다. 고객은 불투명한 미래에는 잘 투자하지 않으니까요. 급격한 가격 변동에는 알레르기 반응을 일으키니까요. 그래서 뉴스에 나올 만한 그리고 이노베이터들이 달려올 만한 가격을 먼저 만들었습니다.

이제부터 중요합니다. 아메리카노 한 잔에 20,000원을 받아도 될 자격을 만든다 생각하세요. 고객들에게 창피하지 않을 구성을 짠다고 생각하세요. 그 누구라도 고개를 끄덕일 만한 구성을 짜보자고요.

아메리카노 = 원두 + 로스팅 + 물 + 컵 + 웰컴 쿠키
+ 커피 전용 솔트 + 과일 플래터
+ 디저트 초콜릿 + 발레 파킹

이렇게 만들어진 카페들이 압구정동, 청담동, 서면, 상무지구, 서귀포시, 송도에서 히트를 쳤습니다. 가격표에 적힌 숫자만 볼 때는 '비싼데?' 하겠지만 직접 접하고 나면 '이건 절대 비싼 가격이 아니야'라는 판단을 하게 만들어줘야 고객이 줄을 섭니다. 그리고 제일 소중한 건 이 고민을 하는 동안 여러분은 정말 많이 진화한다는 겁니다. 미안해지고 싶지 않아서 또 창피하고 싶지 않아서 이 비싼 가격에 맞는 구성과 디테일을 챙기다 보면 어느새 예측하지 못한 훌륭한 작품이 완성됩니다. 1,000만 원짜리 홍삼 세트, 1인분에 100만 원짜리 케이터링 서비스, 32,000원짜리 로열 한우 스테이크 버거, 20만 원짜리 갈비를 만든 선배들도 다 이 과정을 거쳐 대한민국 최고가 브랜드와 최고의 퀄리티를 만들어냈습니다. 여러분도 충분히 하실 수 있으세요. 그간 이런 용기를 내지 못했던 건 여러분 탓이 아닙니다. 그 누구도 이런 길도 있다고 안내해 주지 않았던 탓입니다. 이제 방법을 아셨으니 직접 도전해 보시기 바랍니다.

단, 이 최고가 전략이 완벽하게 마무리되기 위해서는 반드시 거쳐야 할 단계가 있습니다. 저렴한 단서를 모조리 싹 다 없애는 겁니다. 일반적이고 평범한 브랜드에서 다들 사용하고 있는 극히 저렴해 보이는 단서들을 없애 주세요. 아니면 고객들이 인정해 주지 않습니다. 최고가 해물찜을 팔면서 스테인리스 수저를 주고, 청담동에서 최고가 피트니스를 운영하면서 원가 4,500원짜리 티셔츠를 트레이닝복으로 주고, 압도적인 테크닉을 보유하고 있다는 헤어 디자이너가 당대 최고가를 받으면서 수돗물로 샴푸를 해주고…. 이런 싸구려 단서를 없애는 제일 좋은 방법은 지금 당장 여러분 브랜드를 채우고 있는 모든 구성 요소를 리스트로 만드는 겁니다. 그리고 나보다 싼 가격으로 팔고 있는 곳에서 사용하고 있는 것들은 과감하게 없애버리세요. 고객이 눈치채기 전에요. 이 책을 보고 만드신 최고가가 있다면 언제든 연락해 주세요. 제가 앞장서서 홍보해 드리겠습니다.

인간은 3을 좋아합니다

인간은 3이라는 숫자를 참 좋아합니다. 올림픽에서도 금은동, 미스코리아 선발대회에서도 진선미, 어지간한 랭킹은 거의 넘버3으로 정리합니다. 혹자는 인간이 가장 좋아하는 숫자가 3이라고 하고, 혹자는 3이 가장 완결된 숫자라고 하고, 다양한 설이 있습니다. 어쨌든 인간이 3을 곁에 두고 많이 활용을 한다는 것은 사실입니다. 수업 시간에 종종 이런 질문을 합니다.

가장 아끼고 사랑하는 커피 브랜드 3개는?

대부분 한두 개는 금방 떠올리지만 3개째에서 막힙니다. 물론 그렇지 않은 분들도 계시죠. 우리 인간은 기억해야 할 것이 너무 많습니다. 특히 브랜드의 경우 3개씩이나 기억한다는 건 대단한 일입니다.

"스타벅스, 네스프레소…." 커피빈, 투썸플레이스도 떠오르지만 과연 주어진 질문처럼 언제든 어디서든 거래할 준비가 되어있냐는 대목에서는 좀 걸리네요. 아무 생각 없이 그냥 떠오르는 브랜드는 의미

없습니다. 수많은 책과 글에서 브랜딩은 '떠오르게 하는 것이다' 이렇게 설명하고 있는데, 떠오르기만 하고 구매하지 않으면 안 떠오르느니만 못합니다. 백날 떠오르기만 하면 뭐합니까? 구매로 이어지지 않는데요. 그래서 전 브랜딩을 떠올리고 사게 하는 것이라 목소리 높여 외치고 싶습니다.

인간의 뇌는 효율을 좋아합니다. 그래서 디렉터리를 만들고 리스트를 만듭니다. 다시 꺼내기 쉽게 말입니다. 알고리즘이 하듯 인덱싱하고 랭킹합니다. 그리고 간절히 필요해지는 결정적 순간이 다가오면 저장소로 가서 브랜드 하나를 꺼내 옵니다. 자, 당장 등산 양말이 필요합니다. 수영복이 필요합니다. 카메라가 필요합니다. 면도기가 필요합니다. 이런 급박한 상황에 대비해 리스트를 넘버3으로 만들어 놓습니다.

그런데 말입니다, 당신 브랜드는 나이키가, 스카치테이프가, 포스트잇이 아닙니다. 아는 사람보다 모르는 사람이 더 많습니다. 어떻게 하면 이 넘버3 안에 들어갈 수 있을까요? 어떻게 해야 대다수의 사람이 무언가가 필요할 때 여러분 브랜드가 짠하고 떠오르게 만들 수 있을까요? 단순하게 떠오르는 것을 넘어 간절히 필요하게 분위기를 조성할 수 있을까요?

노하우는 테크입니다. 지상 최대의 테크로 무장하세요. 인간은 신상도 좋아하지만 기술도 아주 좋아합니다. 2중 날보다 3중 날, 2중 코팅 보다 3중 코팅, 한 가지 재료보다 두어 가지를 섞은 제품을 좋아합니다. 석기시대를 무너뜨린 청동기, 청동기를 박살 낸 철기시대를 겪으며 지내온 DNA와 본능이 유전되고 학습되었기 때문입니다.

그래서 신기술이 등장하면 소수의 자연지향인들을 제외하고는 다들 관심을 보입니다. 신기술이 강하고 무섭다는 사실을 다 알고 있기 때문입니다.

러닝 모임에 나가기로 했습니다. 당장 운동화를 사야 합니다. 당신이라면 무조건 가격이 싼 걸 구매하시겠습니까? 아니면 에어 쿠션 기술이 발목과 무릎을 잡아주는 하이테크 러닝화를 구매하시겠습니까? 극히 제한적인 소득층이 아니라면 후자가 더 많이 가지고 싶고 사고 싶을 겁니다. 인간의 욕구입니다. 이유는 하이테크가 내게 더 도움이 될 것이라는 믿음 때문입니다. 그래서 도와주라고, 해결해 주라고 그토록 강력하게 외쳤던 겁니다. 테크로 무장하고 당신을 돕기 위해 태어났다고 해야 단시간에 주목을 받고 유명해집니다.

삼겹살 < 칼집 삼겹살 < 숙성 삼겹살 < 드라이에이징 숙성 삼겹살

휘발유 < 정제 휘발유 < 탄소를 줄인 휘발유 < 다음 세대를 생각한 휘발유

사우나 < 천연 암반수 사우나 < 버블 욕조 사우나 < 산소발생기 사우나

이래서 테크가 필요합니다. 단시간에 시장과 뇌에 자리 잡는 가장 좋은 방법은 여러분 브랜드의 상품과 서비스가 가장 첨단이라고 이야기하는 겁니다. 극소수의 소비자들을 빼놓고는 유행이 지난 재작년 폰을 사고 싶어 하는 사람은 없을 겁니다. 지극히 안 좋은 경제 상황이 아니라면 이월 패션 상품을 걸치고 싶은 소비자는 많지 않을 겁니다. 그래서 포지셔닝에서 가장 먼저, 많이 고려해야 하는 것 중 하나가 첨단 기술입니다. 이제껏 없었던 기술. 한 번도 경험해 본 적 없는 테크. 호기심과 첨단을 건드리면 그 어느 브랜드보다 빨리 자리 잡을 수 있습니다.

침대는 가구가 아닙니다

브랜딩 전략 중에 가장 혁명적인 건 부정입니다. 다른 브랜드는 몰라도 우리는 아니라고 우기는 겁니다. '우기기'라고 쓰니 좀 촌스러워 보이지만 Insist 전략이라는 아주 중요한 필살기입니다. 역대급으로 우겼던 브랜드가 있습니다.

"침대는 가구가 아닙니다."

〈에이스〉의 침대 광고

이 카피 하나로 에이스는 가구에서 과학으로 업그레이드합니다. 차세대다움을 보여줌으로써 새로운 침대를 각인시켰습니다. 1980년대 에이스는 수면 과학이라는 단어를 만들어냈습니다. 침대는 수면을 하는 곳입니다. 여기에 과학을 붙여 기존 침대들과 선을 그었습니다. 그리고 1992년에는 에이스 침대 공학 연구소라는 정식 연구소까지 만듭니다. 과학에서 공학으로 좀 더 파고듭니다. 여담입니다만 여러분의 아이템에 과학이나 공학이라는 단어를 붙여보세요.

러닝 과학.
숙성 공학.
학습 과학.
힐링 공학.
의사소통 공학.

확실히 있어 보이죠? 당신의 브랜드를 있어 보이게 만들어야 브랜딩이 쉬워집니다. 다시 에이스로 넘어갑니다.

'이제 더 이상 우리는 침대를 파는 회사가 아니다, 우린 과학을 선물하는 회사다'. 소스라치게 놀랄 일이지요. 상식을 파괴하고, 일상을 부정하는 몹시도 혁신적인 주장이 아닐 수 없습니다.

일반 명사 + 일반 명사 = 고유명사

고유하고, 독립적이고, 도드라지는 브랜드를 만들고 싶다면 일반

명사들이 넘쳐나는 카테고리에서 얼른 뛰쳐나오세요. 과학, 공학, 심리학, 문학, 인문학, 기술, 테크…. 그 어떤 명사도 좋습니다. 당신의 브랜드를 단 1%라도 업그레이드해 줄 명사를 가져다 붙여서 새로운 카테고리를 만드세요.

이유는 이렇습니다. 일반명사는 제공하는 것으로 끝나지만 일반명사와 일반명사를 더해 만들어진 고유명사는

무엇인가 할 수 있게 도와줍니다.
문제를 해결해 주려고 애를 씁니다.

'일반 침대'는 편한 잠을 제공합니다만, '수면 공학'은 그동안 고객이 고통받아 왔던 꺼짐, 쏠림, 온도, 소음, 흔들림 등을 해결해 줍니다. 아니 해결해 줄 것만 같습니다. 고객은 가르쳐줘야 압니다. 그래서 해결해 준다고 주장하면 고객은 그대로 입력합니다. '침대는 과학이구나!'.

이렇게 구체적이고 기술적이고 과학적으로 포장하면 숙제가 생깁니다. 일반 침대면 일반적인 표현을 사용해도 무방하지만 과학이라는 단어를 도입했으면 과학적이어야 합니다. 말과 행동이 일치해야 합니다.

"99cm의 숨겨진 비밀."
"쿨링 매트리스 시스템."
"94도 헤드보드."

제대로 된 브랜딩을 위해 새롭게 핵심 키워드를 도입하게 되면 구체적으로 노력하게 됩니다. 꼭 과학이 아니어도 좋습니다만, 만약 '과학적인 ○○'이라는 수식어로 내 브랜드를 설명하려 한다면 뇌가 알아서 길을 찾습니다. 과학적으로 보이기 위해서 말이죠. 그러니 침대는 가구가 아니고, 시계는 액세서리가 아니고, 로션은 화장품이 아니고, 스마트폰은 통신 기기가 아니고, 마스크는 위생용품이 아니고, 팬티는 속옷이 아니라고 우겨보세요. 아차차, Insist 하세요. 아주 간단히 유일무이한 브랜드가 될 겁니다.

초코파이는 情

부정하고 우기는 전략은 배웠으니 이제 카테고리를 넘어서는 방법에 대해 설명 드리겠습니다.

초코파이 情.

초코파이는 과자입니다. 상식적인 수준에서 브랜딩이 들어갔다면 아마도 초콜릿의 원산지, 코팅 기법, 파이의 두께, 마시멜로의 탄력, 손에 묻지 않는 특허 받은 기술 등 남들도 다 주장할 수 있는 기능과 성능이 뛰어나다고 포장했을 겁니다. 그런데 초코파이는 달랐습니다. 정을 건드렸습니다. 무생물인 파이에 생명을 불어넣었습니다. 뻔한 과자를 의인화했습니다. 이 전설의 카피를 제 방식대로 풀어봤습니다.

초코파이는 과자다.
그런데 솔직히 그냥 과자 취급당하기는 싫다.
그래서 정이다.
정을 주고 싶을 때 초코파이로 대신해 봐라.

내 브랜드가 속한 카테고리를 한 차원 훌쩍 뛰어넘는 키워드를 내 것으로 만든 초코파이. 정을 뛰어넘을 단어는 몇 개 없습니다. 사랑? 행복? 만족? 자아 성취? 자, 아래 그림을 잘 보시고 다시 이야기를 이어 가보도록 하겠습니다.

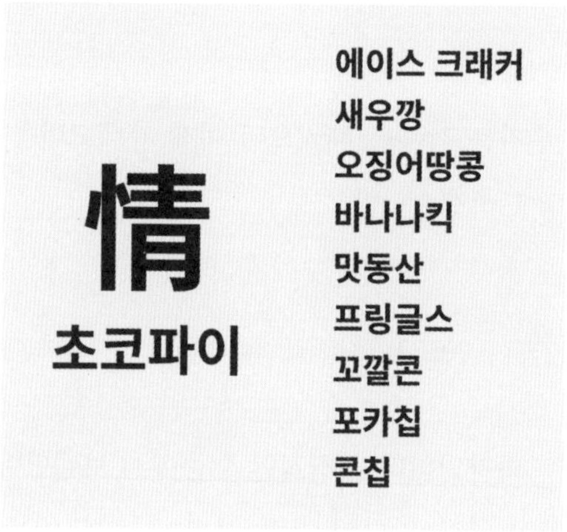

같은 리그에서 뛰고 있는 다른 선수들은 재료에 초집중하고 있습니다. 조금 더 앞서 나가는 플레이어들은 개인기, 즉 다른 경쟁자들이 가지고 있지 못한 테크닉, 이를테면 튀기거나 굽는 기술에 포커스를 맞춥니다. 하지만 모든 경험을 이미 마친 초코파이는 과감하게 선언합니다. '우린 그냥 과자가 아니야, 우린 정이야'. 여기서 아주 중요한 포인트가 등장합니다. 사람과 사람을 잇기 위해서는, 즉 판매자의 제안을 구매자가 거부감 없이 받아들이려면

감성을 건드려야 한다는 점입니다.

사람과 사람을 잇는 그 무엇. 사람과 사람의 관계를 더 돈독하게 해주는 특별한 그 무엇. 이런 가정을 해볼까요? 우리 브랜드의 크래커는 선물이다. 이렇게 과자를 뛰어넘는 카테고리의 키워드를 하나 가져옵니다. 그리고 광고 속에 슬쩍 이미지를 집어넣습니다. 누가, 언제, 어디서, 왜 우리의 크래커가 필요한지?

피아노 선생님에게.
헤어질 때.
만남과 이별이 있는 모든 장소.
나를 기억하게 하고 싶은 순간.

소비자는 이 그림을 보면서 이런 각오를 합니다. '좋아, 나도 결정적 순간이 오면 크래커를 슬쩍 내밀어야지'. 그렇게 소비자에게 가르치는 겁니다. 이럴 때 쓰라고, 이 타이밍에 사용하라고, 좀 더 친숙한 관계를 만들고 싶다면 적극적으로 사용하라고 말입니다. 지나치게 이성적이고 논리적이어서 감성이 부족한 당신을 위해 준비했습니다.

기쁨	미소	행복	흐뭇	사랑	자랑	황홀	짜릿	뭉클
푸근	후련	통쾌	감격	평화	평안	근사	멋	재미
감동	감사	경쾌	고요	낙천	천연	충족	흡족	명랑
안락	유쾌	청명	화창	태평	푸짐	활기	황홀	생기

하나씩 선물로 드리는 것이니 얼른 가져가 여러분 브랜드에 붙여주세요. 도드라짐은 물론이고 확 꽂히는 브랜드가 될 겁니다. 단, 글로는 부족하다는 점 잊지 마시고 이미지도 꼭 하나씩 만들어주세요. 감성이 팍팍 느껴지게요.

순댓국에 낙지를 넣어주세요

세계적인 유명 브랜드들은 고민이 없을 것 같죠? 절대 그렇지 않습니다. 고객의 뇌 속에 분양받은 내 브랜드의 공간은 유통기한 혹은 계약기간이 있습니다. 게다가 첨단기술과 감성 그리고 최고가로 무장한 더 강한 브랜드들이 등장하기 시작하면 입지가 좁아집니다. 자칫 전략을 잘못 세우면 고객의 뇌에서 퇴거명령을 받기도 합니다.

우리는 1일 평균 3,000개 정도의 브랜드와 만난다고 합니다. 기상하면서부터 잠자리에 들 때까지 만난 브랜드를 어떻게 다 기억하겠습니까? 그래서

내게 도움이 되었던 브랜드,
내 문제를 해결해 준 브랜드,
덕분에 편해진 브랜드,
이익이 되는 브랜드,
아주 새로운 브랜드,
과시할 수 있는 브랜드들만 기억합니다.

머릿속에 수천 개의 폴더가 있고, 그 폴더 안에는 각각 3개 정도의 브랜드들이 차곡차곡 쌓여 있습니다. 만약 여러분 브랜드가 이 3위 안에 들어있지 못하다면 수단과 방법을 가리지 말고 랭킹 안에 들어가야 합니다. 자리를 잡아야 떠오르든 말든 할 거 아니겠습니까? 브랜딩을 말이나 글로 배운 사람들이 2% 부족한 게 이 부분입니다.

상품과 서비스뿐만 아니라 사람도 마찬가지입니다. 취업이 하고 싶으세요? 스카우트되고 싶으세요? 그럼 상대의 폴더 안으로 일단 들어가야 합니다. 제가 오래도록 간직하고 있었던 브랜딩의 비밀 하나를 털어놓겠습니다.

이종 이식.

상상할 수 없는 것과 섞으세요. 수업 시간에는 '이종 간 결합'이라는 단어를 더 많이 사용합니다. 왠지 이식이라는 단어가 좀 어렵게 느껴지거든요. 질이 다른 종 두 개를 결합해 주는 겁니다.

순댓국 + 낙지

호텔 + 캠핑카

짜장면 + 트러플

편의점 + 포토스티커

같은 카테고리의 둘을 묶으면 주목받을 수 없습니다. 주목을 못 받으면 뇌 속으로 들어가지 못합니다. 침투조차 할 수 없다면 폴더에 자리 잡는 건 불가능합니다. 랭킹 3위요? 말해 뭐하겠습니까? 반면 종이 다른 두 녀석이 묶이면 전기 자극이 강해집니다.

캠핑 트레일러가 방 안에 있는 모텔

모텔 방 안에 캠핑 트레일러를 집어넣었습니다. 두 가지를 섞었습니다. 이종 간 결합을 했습니다. 모텔에 캠핑카를 이식했고요. 이런 크리에이티브들은 까다로운 심사 과정 없이 스트레이트로 뇌 속에 무사히 자리 잡습니다. 싸우지 않고도 무혈입성할 수 있습니다. 왜? 새로우니까요. 신선하니까요. 가보고 싶고, 한 번 경험해 보고 싶으니까요.

이종 간 결합으로 인간의 욕구를 자극하세요.

하나 더 보여 드릴까요? 대한민국을 대표하는 파워블로거들 엄지손가락을 2,000개쯤 추켜 올리게 만든 이종이식되겠습니다.

〈봉궁순대국〉의 '쌍낙탕'

제가 이름을 '쌍낙탕'이라고 지었습니다. 순댓국에 낙지를 결합한 건 처음이었습니다. 이 땅에 순댓국이 태어난 이후 처음으로 이런 시도를 했습니다. 덕분에 봉궁순대국이라는 브랜드는 기존 고객들의 뇌 속에 있던 세 브랜드 중 한 녀석을 밀어냈습니다. 자, 여러분께 숙제를 드립니다.

내 브랜드에는 어떤 이종을 이식할까?

결합하면 그리고 이식하면 아주 손쉽게 포지셔닝할 수 있습니다. 그리고 여러분의 결합이 고객을 좀 더 이롭게 해준다면 콘크리트처럼 탄탄한 브랜딩이 가능할 겁니다.

KICK

아파트에 숲을 이식해 성공한 브랜드들이 아주 많습니다.

일본에는 편의점에 옷 가게를 이식한 브랜드도 있습니다.

스타벅스가 굿즈를 판매하는 것도 이종 이식에 해당합니다.

커피에 달고나를 넣는 건 아주 재미있는 이종 간 결합입니다.

지우개 달린 연필처럼 세계를 놀라게 한 대부분의 발명품은 이종 간 결합의 결과입니다.

함부로
평가 당하지 마세요

인간은 참 효율을 좋아합니다. 반대로 낭비는 아주 싫어합니다. 그래서 미리 코딩해 놓습니다. 경험을 바탕으로 판단이 용이하게 프로그래밍해 둡니다.

주름이 많으면 나이가 많을 거야.
손이 거칠면 고생을 많이 했을 거야.
고급 승용차를 타면 부자일 거야.

이걸 휴리스틱Heuristic, 생각의 지름길이라고 합니다. 경험에 기반하여 문제를 해결하거나 학습하거나 발견해 내는 방법입니다. 어림법, 주먹구구법, 발견법 등으로 번역되기도 하죠. 휴리스틱 때문에 상당수의 브랜드가 저렴하게 평가받기도 하는데 브랜딩을 함에 있어서 가장 유의해야 할 포인트가 바로 이 휴리스틱입니다.

여러분을 함부로 평가하게 내버려두지 마세요.

그러려면 브랜드 에센스가 필요하고, 컨셉이 필요합니다. 그냥 놔두면 곧이곧대로 여러분을 평가해 버리고 마니까요. 경기가 얼어붙으면 무한리필 브랜드들이 주목받습니다. 한두 집 생기기 시작하면 우후죽순 늘어나는데, 선택지가 많아지니 고객이야 행복하겠지만 판매자는 미쳐갑니다. 무한리필이라고 하면 퀄리티가 좋아 보이세요? 분위기는요? 위생은요? 목숨 걸고 브랜드의 자존심을 지킬까요? 무한리필이라는 단어를 들으면 자동으로 이런 의심들이 꼬리에 꼬리를 뭅니다. 그래서 귀한 날, 특별한 날, 또 모셔야 할 분들과는 가기가 꺼려집니다. 아주 많은 사람들의 경험을 통해 학습된 어림짐작법을 무슨 재주로 없앨 수 있겠습니까? 그래서 블로킹이 필요합니다. 아시죠? 배구에서 상대편의 일방적 공격을 막아내는 블로킹.

고기 　　　 무한리필

고기 　정교　 무한리필

저희 고기는 '정교'합니다. 고기에서 무한리필까지 바로 연결되는 생각의 길을 끊어줍니다. 이제는 '정교'만 생각해야 할 시간입니다.

새끼를 출산하지 않은 14개월 암소만 사용합니다.
도축 후 100시간 이내의 고기만 제공합니다.
온도와 습도까지 관리합니다.
12도로 보관한 생수를 제공합니다.
하루 4차례 살균 소독을 실시하고 있습니다.

고기를 가장 맛있게 즐길 수 있는 22cm 젓가락을 제공합니다.
히말라야 솔트와 말돈을 7:3 황금비율로 섞었습니다.
7가지 소스로 맛의 스펙트럼을 넓혔습니다.

'우리 고기는 무한리필이니 마음껏 즐기세요' 보다 훨씬 더 정교해 보입니다. 고객은 가르쳐주지 않으면 모릅니다. 고객은 보이지 않는 건 믿지 않습니다. 그러니 브랜드 엑기스로 뽑아낸 단어를 블로킹 선수로 활용하세요. 그래야 함부로 여러분 브랜드를 평가하지 못합니다. 억울하게 저평가되는 일이 없어집니다. 어떻게 만든 브랜드인데 마음대로 평가하게 만듭니까! 억울하고 싶지 않다면 사람들의 상식을 블로킹할 아주 근사한 엑기스를 뽑아보세요. 그리고 보란 듯이 생각을 정리하고 당당하게 제안하세요. 우리 브랜드는

아름답다고, 근사하다고, 치밀하다고, 도도하다고, 슬기롭다고, 자연 친화적이라고, 배려의 신이라고, 혁신적이라고, 빠르다고, 끝까지 책임진다고, 초 디테일하다고.

의식주, 생로병사, 희로애락, 그 어느 업종에도 해당됩니다. 순백의 티셔츠도, 러닝화도, 라면도, 백반도, 찌개도, 호텔도, 펜션도, 호텔도, 가격표도, 비타민도, 장례식장도 얼마든지 함부로 평가당하지 않을 수 있습니다. 고객의 뇌에 떡하니 자리 잡고 있는 휴리스틱을 오늘부로 끊어버리세요. 그리고 그 자리를 꿰차고 앉으세요.

1등할 거리
하나만 만들어보세요

브랜딩에 성공하려면 고객이 무조건 여러분을 좋아하게 만들어야 합니다. 어떤 업종이든 아이템이든 듣는 순간 여러분만 생각나게 만들어야 합니다. 그러려면 잘하는 게 있어야 합니다. 다는 아니어도 됩니다. 딱 하나만이라도 잘하는 게 있어야 여러분이 생각납니다.

"그 집 매운탕 하나는 끝내줘."
"주차장 하나는 예술이지."
"욕탕 하나는 정말 인상적이야."

만약 이렇게 고객들의 뇌 속에 인두질할 만한 치명적인 무기가 없다면 오늘부터는 1등을 물고 늘어지는 프레이밍 전술을 한번 구사해 봅시다. 고객이 알아서 호기심을 갖게, 검색해 보게, 그럴 수 있겠구나 고개를 끄덕일 수 있게, 1등 옆에 바싹 붙어서 떨어지지 않을 겁니다. 난, 연손하는 선설늘이 불쾌하지 않게 말입니다.

짜장면은 공화춘에 물어보시고,
군만두는 유진춘에 물어봐 주세요.

헤어 디자인은 준오헤어와 상의하시고,
두피 케어는 유진헤어와 상의하세요.

러닝화는 나이키가 으뜸이고,
방수용 운동화 끈은 유진스가 으뜸입니다.

삼겹살은 금돼지,
된장찌개는 유진 돼지입니다.

스위트 룸은 조선 팰리스,
워크숍 룸은 유진 팰리스입니다.

노트북은 애플이 원탑이고,
노트북 패드는 유진이 원탑입니다.

프레이밍 전술에는 여러 가지가 있습니다. '우리는 아직 2등입니다'라고 이실직고하면서 묻어가는 방법이 있고, 현존하는 1등은 역사만 있지 많이 늙고 정말 노후하다며 시선을 내 브랜드로 돌리게 하는 방법도 있습니다. 또 교묘하게 아주 적은 대상을 상대로 깊이 파고드는 방법도 있습니다.

수건 > 여성용 수건 > 사춘기 여학생용 수건

고기 > 한우 > 안동 한우 > 안동 운흥동 한우

모텔 > 엔터테인먼트 모텔 > 스포츠 모텔 > 당구대 모텔

좁고 깊게 파고들면 전문성이 있는 것처럼 보이기 마련입니다. 결국 프레이밍 전술이란 내 브랜드를 아주 훌륭한 브랜드와 엮이게 만드는 겁니다. 경쟁자를 낮추기보다는 내 브랜드를 올리는 전략을 구사하는 것이 도움이 됩니다. 그런 의미에서 딱 하나만 부탁드립니다.

아주 사소한 것이라도 좋으니,
제발 1등 할 거리 하나만 만들어 보세요.

대기업과 붙어도 지지 않을 딱 한 가지. 어렵지 않습니다. 지금 여러분 눈에 보이는 수많은 것들 중 하나를 건드려 보세요. 최고를 먼저 만들고 전설의 브랜드들 옆에 포지셔닝 하세요. 방금 알려 드린 프레이밍 기법으로 말입니다. 자, 오늘부터는 한 놈만 패보자고요.

네? 힌트 하나 더 달라고요? 현존하는 1등 브랜드를 찾고 딱 1%만 더 근사하게 내 브랜드에 적용해 보세요.

대한민국 5대 ○○

참 많이 들어 보신 표현일 겁니다. 저도 PD 시절 상당히 많이 사용한 시청률 제조용 노하우입니다. 여러 가지 의미가 있습니다만, 인간은 큐레이션을 좋아합니다. 골치 아프게 머리 쓰지 않아도 되니까요. 일일이 하나하나 다 찾아서 비교 분석해야 하는 노동을 누군가 대신해 주면 아주 좋아합니다.

휴가지에서 읽기 좋은 도서 20.
CEO들이 사랑하는 경제경영서 10.
퇴근 후 가기 좋은 이자카야 7.
대한민국 5대 짬뽕.
어버이날 선물 베스트 12.
서울 루프탑 호캉스 5.
샤오미 가성비 베스트 3.

인스타그램, 유튜브, 블로그 등 온라인 마케팅에서 정말 많이 활용하는 프레이밍 스킬입니다. 자, 우린 브랜딩을 공부하는 사람들입니다. 행간을 읽을 수 있어야 합니다. 냉정과 열정 사이에서도 정신을 차릴 수 있어야 합니다. 질문 하나 드릴까요? 도대체 왜 누가 이런 프레이밍을 시작한 걸까요?

가설 1.

크리스마스 시즌을 앞두고 고민이 생깁니다. 시청률과 청취율을 올려야 하는데, 제한된 시간에 아이템을 하나만 다루자니 불안합니다. 실패하면 끝장인데…. 특집처럼 베스트 랭킹을 만들어볼까? 그래, 프레임을 만들어 집어넣는 거야. 액자나 폴더 안에 넣고 한 번에 정보를 제공하는 거야. 시도해 봤는데 반응이 좋습니다. 대한민국 TOP 5 말고 서울, 부산, 대구, 광주 TOP 5도 해달라고 난리가 났습니다.

가설 2.

내 브랜드는 대한민국 TOP5 안에 들어갈 수 없습니다. 그런데 무슨 수를 써서라도 프리미어 리그에 들어가고 싶습니다. 인지도 상승에 대한 욕구가 협찬이라는 방법을 찾아냅니다. 수백만 원에서 수천만 원까지 제작비 협찬을 하고 그들만의 리그에 나도 참여합니다. 막대한 자금을 들여 리그에 데뷔하는 것이니 기왕이면 센 타이틀을 가지고 싶습니다. 제작진 그리고 인플루언서들과 논의를 합니다. 강남 TOP 5? 청담동 TOP 5? 그래, 이미 엎질러진 물이니 대놓고 가자고. 강남 TOP 5!

제가 만든 시나리오입니다. 사실일 수도 있고 아닐 수도 있습니다. 중요한 건 이렇게 프레임을 씌워 정보를 제공하면 반응이 아주 좋습니다. 무엇을 선택해야 할지 항상 고민하는 우리 인간들에게 정말 감사한 선물입니다. 아무래도 울타리가 쳐져 있으면 선택하는데 훨씬 덜 고통스러우니까요. 두 가지 가설을 보면서 이런 생각을 했습니다. 좀 더 뾰족하고 예리하게 프레임을 만들 수 있지 않을까? 뭉뚱그려서 제안할 게 아니라 좀 더 디테일하게 접근하면 더 많은 사람들의 욕구를 건드릴 수 있지 않을까?

어떤 예를 들어볼까요? 국수 좋아하세요? 저는 메밀국수라면 사족을 못 씁니다. 이 녀석을 가지고 예를 들어드리지요.

메밀국수 = 메밀가루 + 물 + 쯔유 + 무 + 파 + 와사비 + 그릇

이 중 하나를 고르는 겁니다.

대한민국 메밀국수 중 가장 맛있는 쯔유 TOP 5

핀셋으로 집어내세요. 어느 포인트가 절대 지지 않을 핵심인지? 이걸 찾아내셨다면 묻지도 따지지도 말고 알리셔야 합니다. 가르쳐주지 않으면 고객은 모릅니다. 활용하실 수 있는 무기들을 조금 더 챙겨드려야겠네요.

사진이 예쁘게 찍히는 TOP 5.

주차가 가장 편한 TOP 5.

화장실이 깨끗한 TOP 5.

뷰가 제일 좋은 TOP 5.

인테리어가 제일 예쁜 TOP 5.

자, 이제 필요한 건 뭐? 그렇죠, 선택과 집중입니다. 하나를 고르시고, 초강력 디테일로 이제 찾아올 고객들이 깜짝 놀랄 포인트 만들어 놓고, 프레임에 넣어주세요. 여러분의 소중한 브랜드를요.

아주 사소한 것이라도 좋으니,
제발 1등 할 거리 하나만 만들어 보세요.

8

새로움

잊지 못할 경험을 선물하라

FAMOUS

새로운 용도로
시장을 장악하기

"바이 바이."

새로운 프로젝트나 신규 브랜드 매니지먼트를 맡으면 제일 먼저 적는 단어입니다. 기존의 것들과 안녕합니다. 아니, 정확히는 안녕하고 돌아섭니다. 한 번 보여드릴까요?

마이크 = 보관 파우치 + 설명서 + 오디오 케이블 + 충전 케이블
+ 윈드 스크린 + 스탠드 + 배터리 + 영구자석 + 코일

이 중에서 버릴 수 있는 건 다 버립니다. 마이크를 만드는 구성요소를 없앤다는 말이 아닙니다. 유명해지기 위한 브랜딩 전략에서 경쟁력이 없어 보이는 약한 선수들을 지우기 시작한다는 말입니다.

우리 파우치는 충격 방지가 됩니다.
사용 설명서를 동영상으로 보실 수 있습니다.

오디오 케이블은 3중 보호막으로 만들어졌습니다.

충전 케이블 속도가 빠릅니다.

이렇게 누구나 이미 하고 있거나 혹은 했을 법한 주장들과는 '안녕'합니다. 대신 그간 아무도 주장하지 않았고, 주장할 수 없는 포인트를 잡아냅니다. 이 타이밍에 가장 집중하는 게 바로 사람입니다. 기능, 성능, 부속 말고요. 그런 의미에서 킥을 드린다면

새로운 용도를 만드세요.

용도를 만들어주려면 전제 조건이 하나 있습니다. 그건 '사용자'입니다. 이 용도만 제대로 만들어내면 시장을 독식할 수 있는데 이걸 참 어려워합니다. 일단 사람이 필요합니다. 사람이란 고객을 이야기합니다. 우린 상품이 아니라 고객에 집중할 겁니다. 그래야 고객이 '나보라고 하는 소리구나' 느끼게 되니까요. 기능, 성능, 이런 소리 다 필요 없습니다. 이미 경쟁자 모두가 주장해 왔던 것이라 아무리 애를 써서 알리려 노력해도 별 효과가 없습니다.

반면 사람을 내세우면 단박에 시선을 잡아끕니다. '안녕'을 입에 달고 살아야 이런 해답을 간단히 얻을 수 있습니다.

유치원생용 마이크.

초등학생용 마이크.

사춘기용 마이크.

여성용 마이크.

남성용 마이크.

샐러리맨용 마이크.

주부용 마이크.

트로트용 마이크.

힙합용 마이크.

눈치채셨죠? 진정한 브랜딩의 신은 늘 사람만을 생각합니다. 그냥 사람이 아니라 '쓸' 사람요. 무한 경쟁 중인 아이템일수록 묻힐 수밖에 없습니다. 링에 올라온 선수가 많으니까요. 그러나 타겟이 명확하면 눈에 확 띕니다.

최고급 사양의 마이크 vs 사춘기용 마이크

여러분이 사춘기 청소년이라면 과연 어떤 마이크를 사용하시겠습니까? 이건 인간의 본능과 밀접한 관련이 있습니다. 인간은 관심받는 걸 좋아합니다. 그리고 대접받는 것도 아주 좋아합니다. 그래야 스트레스받지 않고 마음이 편해지니까요. 쓸데없는 에너지 소모를 안 해도 되니까요. 그래서 아주 스마트한 누군가가 이런 상품을 기획하면 나에게 맞춤형이라 생각합니다. 판매를 목적으로 한 브랜딩이라는 생각을 하기 전에 말이죠. 이유는 간단합니다. 이제껏 이렇게 친절한 대접을 해준 판매자들이 없었으니까요. 10대부터 80대까지 그 누구라도 사주면 좋겠다는 생각으로 접근하니 너도나도 피해왔지요. 그래서 ○○용 마이크에 혹하는 겁니다. '사춘기용 마이크라면 분명 무언가 특별한 기능이 있을 거야, 그렇지 않고서 감히 사춘기용이라고 적었겠어?'라며 지레짐작합니다. 그렇게 한 번 정보를 접하고 나면 괜히 한 번 사용해 보고 싶습니다. 물론 일부는 냉소적인 반응을 보일 겁니다. 정보에 노출된 모든 소비자가 다 공감하는 건 아니니까요. 만약 이 마이크에

"변성기 때 목 관리가 중요합니다. 무리하게 성대에 힘을 주지 않아도 샤우팅이 가능한 LX3 최신 기술을 도입했습니다."

라고 공감할 만한 개발 동기나 명분을 적어준다면 더 많은 사람이 공감할 수 있을 겁니다. 그러니 최강의 브랜드가 되고 싶다면? 그래서 시장을 장악하고 싶다면? 새로운 용도를 만드세요.

솔로용 삼겹살.
임산부용 족발.
초보 운전자용 양말.
살찌우고 싶은 사람용 체중계.
성적향상용 에너지 음료.
인플루언서용 액션 캠.
왼손잡이용 마이크.

이 정보를 보자마자 해당 용도에 공감하는 분들은 앞다투어 여러분을 찾을 겁니다.

B = U+N+S,
진짜 브랜딩의 비밀을 공개합니다

새로운 용도 만들기는 배우셨으니 이제 본 게임에 들어가 볼까요? 이런 고객 보신 적 있으세요?

"브랜드 컬러와 패키지를 보니 이 브랜드는 퍼스널리티가 굉장히 이중적이고, 농후하게 응축된 브랜드 에센스를 보니 아이덴티티가 오소독스하겠어."

만약 거의 모든 소비자들이 구매해야 할 상품을 앞에 두고 이런 반응을 보인다면 마트나 백화점 혹은 전시장들은 영업이 불가능할 겁니다. 정상적인 소비자는 브랜딩에 대해 분석하고 판단하기보다는 '이 상품이 내게 도움이 되나?', '이 제품이 나를 편하게 해줄까?', '이 서비스가 좀 더 이익이 될까?', '지금 당장 내 고민과 고통을 해결해줄 수 있을까?', 이런 생각만 합니다. 기업의 브랜딩 책임자들이라면 모를까, 브랜딩 그 자체는 소비자에게는 사실 무의미합니다.

브랜딩 = 사용자 + 새로움 + 문제해결

B = U N S

사용자에 집중할수록, 새로울수록, 문제를 많이 해결해 줄수록, 브랜드의 힘은 강력해집니다.

홍삼	**선물용**
	유아용
	갱년기용
	소주용

같은 상품이라도 적어 놓은 용도로 구매할 사람이 누구인지 가르쳐주면 판매량이 달라집니다. 동일한 상품인데도 가격을 다르게 받을 수 있습니다. 여기에 새롭게 경험하게 될 형식과 방법까지 제안해 준다면 잊지 못할 브랜딩이 가능해집니다.

홍삼	**선물용**	**QR코드 상품권**
	유아용	**아이스크림**
	갱년기용	**마스크팩**
	소주용	**믹스 파우더**

사용자와 새로움을 예리하게 세팅하면 문제는 고객이 스스로 해결합니다. 머릿속에 솔루션이 그려지니까요. 소비자가 누구여야 하

는지 가르쳐주고, 어떻게 소비하면 좋을지 대안을 제시하고, 얼마나 많은 사람들이 사용하고 있는지 숫자를 보여주고, 그래서 어떤 결과를 낳았는지 입증하면 고객의 뇌 속에 훨씬 효과적으로 자리 잡을 수 있습니다. 아주 간단하고 거칠게 정리해 드리자면 '이 상품 말이야 당신이 사용하라고 만들었는데, 이렇게 즐기면 세 배 더 행복해진다. 지금 당장 해봐. 맞는지 아닌지'. 코트도, 삼겹살도, 호텔도, 스마트폰도, 약도, 병원도, 놀이동산도 이 공식에 맞추면 덜 잊히고 오래 기억에 남는 브랜딩이 가능합니다.

기억하세요.

B = U + N + S

브랜딩의 필수조건,
한발 앞선 기술

먹히는 브랜딩이 가능해지려면 확 꽂히는 특별함이 필요합니다. 특히 일반 소비자를 상대로 그들의 주의와 주목을 끌어오려면 핵심기술이 필수입니다. 난감한 숙제처럼 들리실 분들을 위해 핵심기술을 풀어서 설명을 드리자면

내 브랜드가 가지고 있는 한발 앞선 기술.

이렇게 규정하고 싶습니다. 너무 앞서갈 필요는 없습니다. 한 발이면 됩니다. 아이러니하게도 인간은 감성을 부르짖으면서도 기술을 좋아합니다. 아주 희한한 동물입니다.

먼 과거에 돌을 잘 다루는 부족이 있었습니다. 나무로 만든 창과 화살이 주 무기였습니다. 그러던 어느 날 청동기를 개발한 인류가 등장합니다. 석기와는 게임이 되지 않을 정도로 날카롭고 강력한 무기를 선보였습니다. 가공할 만한 파워로 석기 부족을 점령해 나갑니다. 가진 것을 다 빼앗기고, 청동기인들의 노예로 전락합니다. 이후 철기

를 개발한 부족이 청동기인들을 제압합니다. 속수무책이었습니다. 오랜 경험을 통해 인류는 스스로를 코딩합니다. 한 발이라도 앞선 기술이 등장하면 무릎을 꿇게 된다는 사실을 말이죠.

인류의 기술 사랑은 어제오늘의 이야기가 아닙니다. 몸이 반응합니다. 이제껏 본 적 없는 기술을 만나면 입을 벌리고, 소리를 지르고, 물개박수를 칩니다. 하루라도 빨리 경험하고 싶어 합니다. 분명 도움이 된다는 것을 알기에 신기술 도전에 인생을 걸기도 합니다. 화끈한 한방이 있다는 걸 알기 때문이죠. 그래서 기술을 적극적으로 도입하고 포장하는 게 중요합니다.

숙성육.

대체육.

하이테크 시스템.

듀얼 모니터.

강화된 CPU.

최첨단 프로세스.

세계적인 기업들이 앞을 다투어 기술적 키워드를 도입하는 것도 이 때문입니다. 이노베이터로 불리는 선도적 그룹의 사람들이 엄청나게 애정을 보인다는 사실을 잘 아니까요. 그래서 당부의 말씀을 드린 겁니다. 시장을 그리고 세상을 선도하는 기술은 고객의 뇌리에 꽂힙니다. 세 가지 소화효소를 동시에 넣은 소화제, 양면을 다 활용할 수 있는 아웃 도어, 건조까지 한방에 이루어지는 세탁기, 레고처럼 자유자재로 조립이 가능한 전기 자동차 등은 머릿속에 기억했다가 언젠가는 반드시 사용하고 싶어집니다. 인간의 버킷 리스트 상당수가 신기술과 관련 있다는 사실을 알고 나면 굉장히 놀라실 겁니다.

세계 일주를 그냥 기차 타고 하고 싶으세요?
아니면 최첨단 고속열차를 타고 싶으세요?

도시의 평범한 아파트를 원하세요?
아니면 인공지능이 24시간 케어해 주는 차세대 별장이 갖고 싶으세요?

기술은 브랜딩에 있어서 필수조건입니다.

전통을 고수하는 럭셔리 브랜드도 결국 신기술과 첨단기술이 쌓이고 쌓여 만들어진 집약체입니다. 수천 년 내려온 브랜드들도 결국 그 누구에게도 추월당하지 않을 한발 앞선 기술을 끊임없이 수정 보완하고 있습니다. 그런 의미에서 중요한 숙제 하나 드릴게요. 여러분의 상품과 서비스 앞에 첨단, 하이테크, 신기술, 초, 정밀, 나노, 디테일 등을 붙이세요. 붙이고 나면 미션이 생깁니다. 어떻게 해야 그렇게 보일까? 이 고민을 하면서 당신의 브랜드가 강해집니다. 브랜드는 만드는 것이 아닙니다. 만들어지는 겁니다.

여러분의 노력으로,
그리고 한발 앞선 기술로.

사람이 개를 물면 뉴스가 됩니다

개가 사람을 물면 뉴스가 안 되지만, 사람이 개를 물면 뉴스가 됩니다. 일상적인 건 뉴스가 되지 않습니다. 평범한 건 뉴스가 되지 못합니다. 상식적인 건 뉴스가 될 수 없습니다.

호주의 젊은 청년들이 샌드위치 집을 하나 냈습니다. 단박에 전 세계 뉴스 프로그램에 소개됩니다. 이 친구들은 다른 샌드위치 집들과 똑같이 하지 않았습니다. 7층 매장에서 창문을 통해 샌드위치를 던졌습니다. 건물 1층 밖 골목에서 기다리던 고객들은 환호성을 지르며 이 경험을 사이버 세상으로 실어 날랐습니다. 지금부터 여러분의 브랜드도 이렇게 유명해지도록 만들어 드리려고 합니다. 공식은 간단합니다.

샌드위치 = 빵 + 재료 + 포장 + 판매 + 건넴 + 섭취 + 처리

이제껏 관습적으로 해오던 평범하고 상식적인 프로세스를 정반대로 뒤집으면 됩니다. 버리는 건 배우셨으니, 이번에는 뒤집기입니다.

빵과 빵 사이에 햄과 채소를 넣지 말고,
햄과 채소 사이에 빵을 집어넣어 주세요.

샌드위치를 감싸는 포장을 하지 말고,
재료만 포장해 빵 사이에 끼워주는 겁니다.

돈을 내면 샌드위치를 주는 게 아니라,
샌드위치를 먹으면 돈을 주는 겁니다.

공손하게 손에서 손으로 건네지 말고,
창밖으로 던져버리는 겁니다.

포장을 벗기고 두 손을 모아 먹을 게 아니라,
두 손으로 샌드위치를 돌돌 말아 먹는 겁니다.

벗긴 포장지를 그냥 쓰레기통에 버리지 않게,
포장지로 종이학을 접을 수 있게 프린트해 주는 겁니다.

이렇게 하는데도 유명해지지 않을 자신이 있으세요? 설마요. 뉴스를 만드는 제일 좋은 방법은 정반대로 하는 겁니다. 큰 걸 작게, 초고가를 초저가로, 붙어있는 걸 떼고, 기계가 해야 하는 걸 사람이 100% 손으로, 불특정 다수에서 특정 소수로 바꿔주면 뉴스가 됩니다. 좀 더 쉽게 설명 드리자면

'우린 ○○ 하지 않다'라고 주장하는 겁니다.

우린 최고입니다 vs 우린 꼴찌입니다.
(오늘 처음 시장에 내놓았으니까요)

우리 브랜드는 부지런합니다 vs 우린 게으릅니다.
(시간의 도움을 받아야 하니까요)

우린 열심히 합니다 vs 우린 열심히 하지 않고 잘합니다.
(협력사들이 이 정도이니까요)

한 가지 더하자면 다들 놓치고 지나가는 당연한 것들에 의미를 부여하세요. 차승원 씨가 광고하던 아사히 맥주의 엔젤링이 기억 나실 겁니다. 꽤 오랜 시간이 지났는데도 맥주잔에 남은 링을 보면 아사히가 그리고 차승원씨가 생각납니다. 원래 맥주를 마시다 보면 거품 자국이 남습니다. 맥주를 소비한 수천 년의 기간 동안 이 거품에 의미를 부여한 사람은 딱 한 명. 엔젤링이라고 명명한 광고인이었습니다. 이름을 붙인 뒤 대대적인 홍보를 통해 이 거품을 뉴스처럼 소개했습니다. 엔젤링이라고. 이 링이 생겨야 맛있는 맥주라고. 원래 이 하얀 거품 띠는 레이싱Lacing이라고 부릅니다. 원래 레이싱은 맛있는 맥주를 판가름하는 수단이기보다는, 서빙되는 잔이 깨끗한지 아닌지 가르는 기준으로 더 많이 이용됐습니다. 감각이 뛰어난 이 광고인은 지구상 어디에서나 만날 수 있는 거품 띠에 새로운 이름을 붙여줬습니다. 와인에 신의 물방울이라는 새로운 이름을 붙여 글로벌 스타가 된 만화가도 있습니다. 새롭게 이름을 지어주는 것만으로도 뉴스가 될 수 있다는 사실 잊지 마시고 스웨터에 많이 생기는 보풀, 수건에 묻는 땀자국, 냉면 대접 안에 생기는 흔적, 거울에 생기는 물방울 등에 새로운 이름을 붙여보세요. 그 자체로 뉴스가 될 수 있으니까요.

하나 빼기,
하나 넣기

샌드위치 백작 같은 분 덕분에 기상천외한 결과물들이 만들어집니다. 사실 우리는 '썰'만 들어왔기 때문에 정확히는 알 수 없습니다. 정말로 화장실 갈 시간이 아까워서 만들었던 게으른 주방장 덕분에 만들어졌는지…. 빵과 빵 사이에 속 재료를 채워 넣어 포크와 나이프 없이도 먹을 수 있게 된 샌드위치는 햄버거에 그 바통을 건냈습니다. 써브웨이가 단일 브랜드로서는 가장 많은 패스트푸드 가맹점을 보유하고 있다고 하지만 햄버거를 판매하는 브랜드들을 다 엮는다면 그 수는 비교가 되지 않을 정도로 햄버거의 완승입니다.

처음에는 고기와 소스 그리고 약간의 채소만 넣었습니다. 태평성대는 그리 오래가지 않았습니다. 기술의 진입장벽이 낮았던 탓에 너나 할 것 없이 햄버거를 출시했습니다. 치즈를 끼우고. 패티를 한 장 더 넣고, 다시 또 치즈를 채워 넣기 시작했습니다. 햄버거인지 타워인지 구분이 가지 않을 정도로 높게 쌓는 유행도 등장합니다. 거의 모든 기업이 한 번이라도 더 주목받기 위해 이렇게 기능과 성능을 추가하는데 열을 올립니다. 그런데 말입니다. 고객은 양만큼이나 질도 간절히 원합니다.

"오늘 뭔가 좀 특별한 거 없을까?"

'오늘 뭐 먹지?'만큼이나 많이 입에 오르내리는 애절하고 간절한 호소입니다. 모든 업종에서 이런 요구가 이어집니다.

"특별하게 입을 거 없을까?"
"메뉴 특별한 거 없을까?"
"이번엔 특별한 숙소 없어?"

인간은 늘 새로움을 추구합니다. 지루한 건 아주 질색입니다. 이럴 때 필요한 건 뭐? 그렇죠, 스피드! 그리고 또 뭐? 크리에이티브! 그런 의미에서 유명한 브랜드가 되기 위한 필살기를 하나 선물로 드립니다.

치환 [명사]
1. 바꾸어 놓음.
2. 어떤 것의 순열을 다른 순열로 바꾸어 펼치는 일.
3. 일정한 대상으로 향하여 있던 태도나 감정이 다른 대상으로 돌려지는 일.

원래의 '그것'을 바꾸는 겁니다. 상식적으로 거기 있어야 하는 걸 하나 빼고, 일반적으로 거기 있으면 안 되는 걸 하나 집어넣는 겁니다. 햄버거 이야기로 돌아갑니다.

햄버거 = 번 + 패티 + 소스 + 채소 + 치즈

이 중 가장 핵심 요소인 패티를 빼서 한편에 밀어둡니다. 그리고 이 패티보다 더 큰 가치를 가진 고기를 하나 가져오는 겁니다. 음….
고기 중 가장 비싸게 받을 수 있는 녀석이라면 아무래도 스테이크가 좋겠네요. 이렇게 두 친구의 위치를 바꿔줍니다.

당연히 이름도 바뀌게 됩니다. 스테이크 버거. 이런 방식으로 대한민국 최초의 햄버거 백년가게인 라모스버거의 '로열 스테이크 버거'를 만들었습니다. 가격이요? 당연히 최고가죠. 처음이니까요. 비교할 대상이 없으니까요. 아니 정확히는 치환시킨 스테이크 덕분에 이 수준의 가격을 받을 수 있으니까요. 그리고 그 격에 맞게끔 플레이트, 수프, 샐러드, 디저트까지 급을 맞췄습니다. 고든 램지 버거가 등장하기 전까지 대한민국 최고가 햄버거였습니다.

새로운 경험을 만드는 '치환'.

순댓국에서 순대를 빼고 낙지를 넣고,
모텔 방에서 테이블을 빼고 당구대를 넣고,
스마트폰에서 버튼을 빼고 터치를 넣고,
모자 달린 아웃도어용 후드에서 챙을 빼고 선글라스를 넣고,
핀란드 버거킹에서 대기석을 일부 빼고 사우나를 넣고.

치환은 브랜드의 시그니처를 만드는 아주 훌륭한 장치입니다. 여러분 브랜드는 어떤 것 하나를 빼고 하나를 집어넣고 싶으세요? 망설이거나 고민하지 않으셔도 됩니다. 치환으로 만들어진 최초는 늘 추앙받으니까요.

빼기와 넣기를 한꺼번에 하려니까 머리 아프시죠? 이럴 때 일단 하나만 빼고 보는 겁니다.

"버튼을 뺐습니다."

"선을 뺐습니다."

"기름을 뺐습니다."

"글루텐을 뺐습니다."

"항생제를 뺐습니다."

"동물 실험을 뺐습니다."

"사람을 뺐습니다."

네? 어디선가 많이 들어본 스토리라고요? 맞습니다. 세계적인 기업들의 주장입니다. 하나 빼면 두 배 더 매력적으로 느껴집니다.

가르고 나누세요

세상의 모든 것들을 가르고 나누세요.

옷을 가르세요.

음식을 가르세요.

호텔을 가르세요.

스마트폰을 가르세요.

병원을 가르세요.

약국도 가르세요.

교통수단도 가르세요.

자동차도 가르세요.

신발도 가르세요.

세상에 가르고 나눌 것은 쌔고 쌨습니다. 눈치가 빠른 분들은 '아하' 하고 탄성을 지르셨을 겁니다. 이런 분들은 재벌이 되실 자격이 충분합니다. 만약 이게 무슨 말인지 전혀 감을 못 잡고 계신 분들이라면 이 장을 아주 신중하게 읽으셔야 할 겁니다. 1등들은 다 아는 브랜딩의 비밀을 싹 다 털어놓을 테니까요. 다들 상품 개발에 몰두할 때 일찌감치 가르고 나누는 걸로 전설이 된 브랜드들이 있습니다.

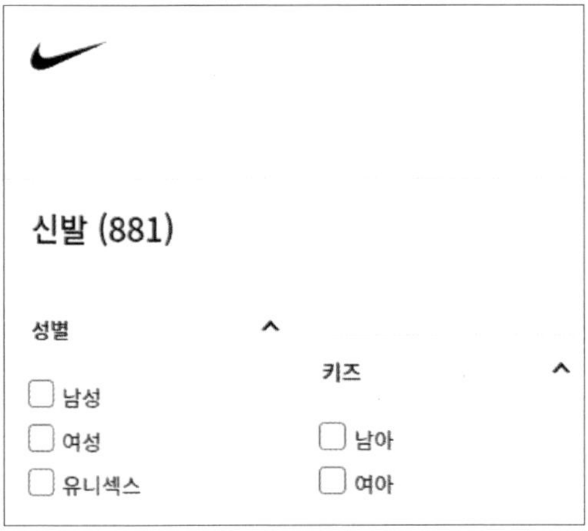

신발 브랜드들은 일찌감치 남녀를 갈랐습니다. 큰 성공을 맛본 후 아동과 성인을 나눴고요. 가르고 나눠주면 어떤 이득이 생기는지 아세요? 바로 전문성입니다. 더 가르고 더 잘게 나눌수록 전문 브랜드라는 평가를 받습니다.

아마도 처음 성을 나눈 장르는 옷이 아니었을까 싶습니다. 이후 참 많은 브랜드들이 나누기를 시도합니다. 그중 압권은 아마도 시간일 겁니다.

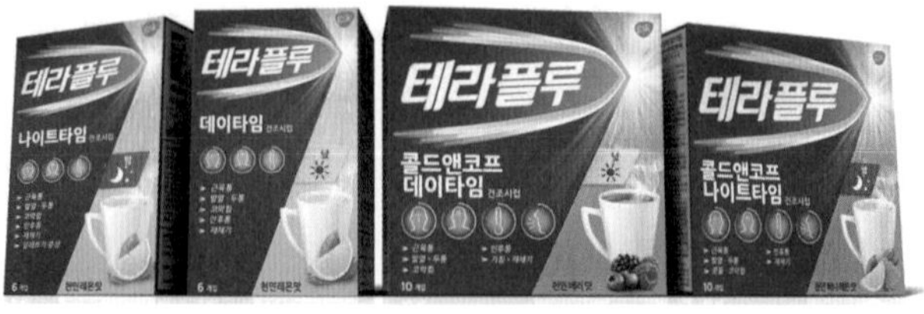

시간을 나눈 〈테라플루〉

낮과 밤을 갈랐습니다. 이쯤 되면 무서워집니다. 최초로 가른 자가 누구였는지는 몰라도 시간을 나눈 생각은 이후 소비자의 행동을 컨트롤하기 시작합니다. 이전까지는 아프면 먹는 게 약이었는데, 이제는 통제가 생겼습니다. 가르쳐준 시간에 맞는 약을 먹어야만 할 것 같아집니다. 데이용을 나이트에 먹으면 별 효과가 없을 것처럼 느껴지고, 반대로 나이트용을 데이에 먹으면 큰일 날지도 모른다는 생각이 듭니다. 이제 브랜드들은 사람에 이어 시간까지도 적극적으로 가르기 시작합니다. 뭔가 나누지 않으면 완성이 안 된 것처럼 느끼게 됩니다.

지금 눈앞에 보이는 모든 것을 가르고 나누세요.

만약 제 지인이 카페를 한다면 전 이렇게 가르라고 도시락을 싸 들고 다니면서 조를 겁니다.

모닝 아메리카노　런치 아메리카노　디너 아메리카노

그동안은 원 샷, 투 샷, 쓰리 샷처럼 각자의 컨디션과 용도에 맞게 주문해왔습니다. 그런데 어느 날 갑자기 아주 뛰어난 카페 사장님 한 분이 때를 나누기 시작합니다. 호기심 많은 소비자 한둘이 체험을 하고, 이 경험을 공유하기 시작합니다.

"세상에 처음이에요! 런치 아메리카노."

그렇게 삼겹살도 나눠버렸습니다.

접대용 삼겹살 선물용 삼겹살 캠핑용 삼겹살 다이어트용 삼겹살

마이크도 갈랐던 이야기 기억나시죠?

오른손잡이용 마이크 왼손잡이용 마이크

앞으로는 모든 상품과 서비스들을 좀 가르고 싶습니다.

작업용 향수 야근용 텀블러 여행용 충전기
교과서용 독서대 결혼용 만년필 여성용 자동차

가르고 나누다 보면 자연스럽게 용도가 생깁니다. 대박을 꿈꾸는 수많은 기업가들이 그토록 가지고 싶어 한다는 '용도'. 이제 여러분 것이 되었으니 가르고 나누세요. 그럼 당신의 브랜드는 순식간에 유명해집니다.

보기 좋게 선배 브랜드들을 제쳤습니다. 보란 듯이 제왕의 자리를 차지했습니다. 피 튀기는 전쟁터였던 떡볶이 업계에 혜성처럼 등장해 돌풍을 일으킨 두끼. 물론 일반 떡볶이가 아니라 즉석떡볶이 뷔페라는 데서 궤를 달리하는 것은 사실이지만, 큰 카테고리에서 보자면 두끼도 떡볶이 업계의 경쟁 브랜드들 중 하나였습니다.

푸드트럭 출신이라는 꼬리표가 오히려 두끼를 브랜딩하는 데 크게 한몫 했습니다. '트럭에서부터 시작했다면 최소한 열정만큼은 인정해 줘야 해', '무서운 청년이구먼'. 그렇게 순항했고, 해외 진출까지 성공했죠. 현지 반응이 어떤지 직접 확인하고 싶어서 코로나 중에 베트남을 방문했었습니다. 현지인들로 가득 찬 호찌민 매장을 보며 얼마나 흥분했는지 모릅니다. 그 사이 두끼 대표는 텔레비전에도 출연하고, 신문과 잡지에 등장하며 일약 스타덤에 올랐습니다.

그런데 코로나는 이런 무서운 천재를 시기하고 질투했습니다. 집합 금지, 영업시간 제한, 인력 수급 문제, 원재료 가격 상승…. 가맹점주들을 지치게 만드는 사건이 연이어 터졌습니다. 그렇게 하나둘 진이 빠져나가던 즈음에 벌어진 일입니다. 갑자기 두끼 브랜드가 미친 듯이 주목받기 시작했습니다.

SNS도 뒤집어지기 시작했습니다. 젊은 커플들이 앞다퉈 매장 앞에 줄을 섰습니다. 이 친구 덕분입니다.

마라 무한 리필.

눈을 비비고 다시 화면을 확인했습니다. 한 대접에 1-2만 원 하는 마라탕을 무한으로 먹을 수 있다고? 두끼 마라라는 초강력 바이러스는 한반도를 강타했습니다. 모두가 흥분할 만한 무기를 기가 막힌 타이밍에 꺼내 들었습니다.

머리 회전이 빨라집니다. 한 방에 이름을 알리는 데 가장 중요한 포인트가 무엇이었을까? 왜? 어떻게? 삽시간에 이런 브랜딩이 가능했을까? '결합과 조합의 결과물'이라는 결론을 내리는 데 그리 오랜 시간이 걸리지 않았습니다. 한물간 아이템에 가장 핫한 키워드를 결합하는 겁니다. 다시 강조합니다. 핫한 키워드 × 한물간 아이템.

마라탕 × 즉석 떡볶이

두끼 대표 이전에도 천재들은 많았습니다. 마라 떡볶이, 마라 짬뽕, 마라 강정, 마라 빵…. 그런데 두끼는 압도적인 포인트가 하나 있었습니다. '무한 리필'. 비록 고기 없는 마라일지라도 마라는 마라 아니겠습니까? 버섯도 있고, 떡도 있고, 튀김도 있고, 치즈도 있고, 국수도 있고, 밥도 있고, 마라로 즐길 수 있는 거의 모든 것들을 두끼에서 즐길 수 있게 된 것이죠. 최단 시간에, 최고 강도로 브랜딩하는 방법을 정리하자면

OLD에 HOT을 더해보세요.

인내가 좀 필요합니다만 지금 가장 핫한 키워드를 검색하고 하나하나 내 브랜드의 상품과 서비스에 조합하면, 현재 대한민국에서 사람들이 가장 많이 찾고 있는 욕구를 아주 손쉽게 해소해 줄 수 있습니다. 그 어느 업종과 업태에서도 홈런을 칠 수 있습니다. 한물갔다고, 트렌드가 지났다고 버리지 마세요. 느슨해질 때마다 두끼와 마라를 생각하세요. 9회 말 2아웃에 날리는 짜릿한 만루홈런 한 방이면 됩니다. 고객의 뇌에 가장 많이 떠오르게 만들려면 '유행'이 되어야 합니다. 너나 할 것 없이 가지고 싶고, 사고 싶고, 누리고 싶게 만들어야 유행이 되는데, 최고의 비법은 바로

기존 것 × 핫한 키워드 = 브랜드의 무기

입니다. 자, 얼른 적어보세요. 여러분의 아이템과 오늘 가장 핫한 키워드들을. 조합해 보고 이거다 싶으면 바로 실행하고 널리 알려주세요.

옷 파는 편의점

지난 장에서 제가 내드린 숙제를 하신 분들이라면, 이 페이지에 등장하는 브랜딩 아이템들이 가슴에 와닿을 겁니다.

고깃집		평상		평상집
분식집	+	버스	=	영동스낵카
슈퍼마켓		흑백사진		노형슈퍼마켙
옷 가게		편의점		더 콘비니(일본)

자, 하나하나 곱씹어볼까요?

1. 고깃집 + 평상 = 평상집

오픈 전부터 대표와 평상에 대한 이야기를 많이 나눴습니다. 어린 시절 부모님과 다니던 계곡의 평상을 잊을 수 없다고. 그렇게 상식적인 테이블과 의자를 빼버렸습니다. 흔하디흔한 업소용 의자 말고 유원지 백숙집에서나 볼법한 평상을 매장으로 들였습니다. 잊을 수가

고깃집에 평상을 넣은 〈평상집〉

없습니다. 대세를 거슬러 신발을 벗게 만들었습니다. 참 오랜만에 해보는 경험입니다. 이러면 잊히지 않습니다. 네? 왜 잊히지 않냐고요? 인간은 최초와 1등만 기억합니다. 올림픽 메달리스트도, 베스트셀러도, 시장에 소개된 거의 모든 상품과 서비스 중 최초와 1등만 기억합니다. 뇌 에너지의 효율적 사용과 관련이 있습니다. 이발소와 미장원의 의자만 걷어내고 그 자리에 드럼통 불판을 배치해 고깃집을 운영한다면 아주 쉽게 뇌에 포지셔닝할 수 있습니다. 잊어버려도 아무 문제 없는 상식적인 것들보다 유의미한 것들만 기억합니다. 왠지 잊어버리면 손해를 볼 것만 같은 기분이 드니까요. 그래서 무의미한 것들을 가능한 빨리 지워버립니다.

버스와 분식집을 결합한 〈영동스낵카〉

2. 분식집 + 버스 = 영동스낵카

얼마 전까지 한티역 8번 출구 뒤편에 아주 오래된 버스가 한 대 놓여있었습니다. 이 자리에 주차된 후 27년 동안 영업을 하고 2020년에 폐업한 영동스낵카는 명물 중의 명물로 꼽힙니다. 버스 안에 식당을 차렸거든요. 처음 등장한 그 당시만 해도 9시 뉴스에 등장할 정도로 충격적이었습니다. 세상에 버스 안에 식당을 차리다니. 전혀 어울릴 것 같지 않은 두 녀석이 콤비가 되었습니다. 이런 결합을 통해 세상을 놀라게 할 예측할 수 없는 즐거움을 만들어야 브랜딩에 성공합니다. 폐업한 지 4년이 지났는데도 스낵카라는 단어를 들으면 영동스낵카가 떠오르니 얼마나 브랜딩이 무서운지 아시겠죠? 아무도 대체할 수 없으니 영동스낵카만 떠오르는 겁니다.

3. 슈퍼마켓 + 흑백사진 = 노형슈퍼마켙

분명 슈퍼마켓인데 물건을 파는 곳이 아니라 공간을 파는 곳입니다. 제주에 가면 반드시 방문하게 된다는 SNS 명소. 누가 봐도 비주얼적으로는 슈퍼마켓의 DNA를 품고 있는데 정작 노형은 슈퍼가 아닙니다. 사진을 찍는 곳입니다. 그것도 흑백으로 말입니다.

배치된 물건들이 모두 흑백인 〈노형슈퍼마켙〉

공간을 구성하고 있는 모든 배경과 소품들에서 색을 빼버렸습니다. 컬러 인쇄물을 흑백으로 출력한 것처럼 모든 게 흑백입니다. 장소는 익숙한데 색이 어색합니다. 이게 노형의 매력입니다. 사람만 컬러로 찍힙니다. 마치 특수 필터를 끼고 찍은 사진처럼 아주 묘한 분위기를 자아냅니다. 미장센 기억나시죠? 이런 게 연출 의도입니다. 배경과 소품을 바꿔 창업주의 생각을 드러냅니다.

소문은 삽시간에 퍼졌습니다. 전국에서 젊은 청춘들이 달려와 인증샷을 찍었습니다. '와, 정말 재미있는 공간이네'. 컬러를 뺀 이 아이디어 하나로 보기 좋게 브랜딩에 성공하고 말았습니다. 이제 흑백사진 하면 노형이 제일 먼저 떠오른다는 사람들이 정말 많이 늘었습니다.

4. 옷 가게 + 편의점 = 더 콘비니(일본)

편의점에서 파는 거의 모든 것을 밖으로 빼냈습니다. 대신 그 공간에 옷과 악세서리를 채웠습니다. 제가 정말 좋아하는 디자이너 중 한 명인 후지와라 히로시의 콘셉트 숍 '더 콘비니' 이야기입니다. 음료 냉장고에 티셔츠를 걸고, 삼각김밥 비닐 안에 수건을 넣고, 탄산음

옷 가게와 편의점을 결합한 일본의 〈더 콘비니〉

료를 담는 페트병을 타올로 채웠습니다. 우유곽 안에 양말을 집어넣고, 디저트 케이스에는 초를 넣었습니다.

이 브랜드가 유명해지는 데 딱 하루밖에 필요치 않았습니다. 뉴스에 등장하자마자 열도의 이노베이터들이 특수수색대 정예 요원들처럼 집합하기 시작했으니까요. 모인 것으로 끝나지 않았습니다. 더 콘비니에서 획득한 전리품들을 무용담과 함께 실어 날랐습니다. 24시간이 채 지나기도 전에 열도는 더 콘비니 사랑에 빠져버렸습니다. 공간은 그대로 둔 채 콘텐츠를 바꾸세요. 이 세상에서 가장 쉬운 브랜딩 노하우 중 하나입니다.

잊지 마세요.
기존 내용물 버리기, 이종 콘텐츠 채우기.
당신은 내일 스타가 되어있을 겁니다.

와인병에 담긴 쌀

딱 한 장이면 됩니다. 사진 한 장이면 얼마든지 고객을 내 브랜드의 포로로 만들 수 있습니다. 브랜딩이라는 게 뭡니까? 거창하게 따지지 않아도 척 보는 순간 가지고 싶고, 사고 싶고, 소유하고 싶어지면 되는 거 아니겠습니까? 이 목적을 달성하기 위해 막대한 자금을 투자해 반복적으로 매스컴에 노출하고, 영향력 강한 인플루언서들을 모시고, 사람들 뇌리에 인두질하느라 총력을 기울이는 거 아니겠습니까? 그런데 브랜딩에 관해서 아주 뛰어난 DNA를 가진 자들이 있습니다. 우리와는 태생부터 많이 다릅니다. 이들의 생각은 전혀 일반적이지 않습니다. 차원이 다른 세계에서 우리를 깔보듯 내려보는 것 같습니다. 쓱 하고 한 수 내놓는 순간, 다들 벌벌 떨게 되는 그런 브랜딩이 가능한 사람들의 이야기를 좀 해보려고 합니다.

코타키 화이트.

일본 나가노현 최북단에 위치한 사카무라 코타키 지역에서 만들어지는 고시히카리 품종의 쌀입니다. 이 쌀을 생산하는 사람들의 이야기를 들어볼까요?

"信越の深い雪に育まれた豊かな土壌が生み出す白いお米は、まるで宝石のよう。大き過ぎない粒のひとつひとつに上品な甘みとしっかりとした旨みが凝縮され、程よいもち感があるのが特長です。その美味しさは旧来から知られていたものの、わずか１３世帯の集落で作付けできる量に限りがあり、ほとんど地元で消費され、市場には流通されませんでした。そのため、地元では知る人ぞ知る「幻のお米」と呼ばれていました。"

"신에츠의 깊은 눈으로 자란 풍부한 토양이 만들어내는 하얀 쌀은 마치 보석 같습니다. 너무 크지 않은 알갱이 하나에 품위 있는 단맛과 제대로 된 맛이 응축되어 적당한 떡 감이 있는 것이 특징입니다. 그 맛은 예로부터 알려져 있었지만, 불과 13가구의 취락으로 만들 수 있는 양에 한계가 있어, 거의 현지에서 소비되어 시장에는 유통되지 않았습니다. 그 때문에, 현지에서는 아는 사람조차 아는 「환상의 쌀」이라고 불리고 있었습니다."

최선을 다했다는 둥, 노력을 기울였다는 둥 이런 먹히지도 않을 이야기는 없습니다. 아주 귀하다는 이야기만 합니다. 희소성을 건드립니다. 아무나 기를 수 있는 쌀에는 이렇게 거창한 이야기를 입히기 어렵습니다. 희귀한 쌀은 그럴 만한 대접을 받아야 합니다. 귀함을 고민하는 과정에서 혁신적인 생각이 나옵니다. 귀한 건 귀한 곳에 담아야 하는데, 아주 특별하고 귀한 대접을 받을 수 있는 용기는 어떤 것일까? 이제껏 출시된 쌀과는 죽어도 비교당하지 않을 섹시한 용기란?

"그래, 쌀을 와인 병에 담자."

아주 용감한 결정을 내린 이들은 일사불란하게 움직였고, 마침내 지역명에 화이트라는 아주 와인스러운 단어를 붙입니다. 쌀은 하얀색이지요. 그렇게 와인과 쌀의 공통점을 하나둘 찾아내기 시작했습니다. 그리고 와인이 가지고 있는 귀한 이미지와 연상들 그리고 있어 보이는 DNA를 싹 다 추출합니다.

병, 코르크, 라벨, 생산 연도, 그림, 포장, 상자

닮기로 결심한 상대의 가치 있는 특성들을 전부 뽑아내서 내 브랜드에 이식하는 겁니다. 라벨을 붙이는데 기왕이면 생산 연도를 적고, 그림도 우리 지역을 대표하는 것으로 넣고, 매년 바꾸면 더 좋고, 격을 올리기 위해 상자에 넣고, 이 상자도 가능하면 고급 와인처럼 나무 상자에 넣고, 상자에 선명하게 인두질도 좀 하고…. 그렇게 만든 작품이 바로 이 녀석입니다.

참 대단하죠? 누가 봐도 와인인데 안에는 쌀이 들어있습니다. 브랜딩하는 데 정말 필요한 포인트인 '반전'을 만들었습니다. 고객들에게 가장 충격적인 자극을 줄 수 있다는 반전. 'A인 줄 알았는데 B네!'. 이 비기를 쌀에 적용했습니다.

코타키 사람들이 대중들을 소름 끼치게 만든 건 이게 전부가 아닙니다. '누보'라는 단어를 사용한 겁니다. 보졸레 누보, 출시될 때마다 설레게 만드는 햇 와인. 세상에 쌀을 와인병에 담고, 라벨을 디자인하고, 누보라는 이름을 붙이고. 어떻게 이 쌀이 안 유명해질 수 있겠습니까? 햅쌀의 '햅'을 '누보'로 바꾼 센스라니. 졸지에 일본 최고의 쌀, 아니 최고의 쌀처럼 느껴지도록 브랜딩에 성공하고 말았습니다.

지금 당장 여러분 상품과 서비스를 담을 전혀 다른 스타일의 용기를 찾아보세요. 그리고 DNA를 악착같이 찾아내 연결해 보세요. 딱 한 장의 사진이면 스타가 되실 겁니다.

브랜딩의 완성은 경험

브랜딩은 일반 명사를 고유 명사로 만드는 것입니다.

브랜딩은 보통 명사를 나의 명사로 만드는 것입니다.

여기 식빵이 있습니다. 누구나 다 아는 식빵입니다. 너도 팔고 나도 파는, 누구나 다 아는 식빵입니다. 그런데 내가 파는 식빵은 더 유명해졌으면 좋겠습니다. 누구나 '식빵'하면 우리 브랜드만 떠올렸으

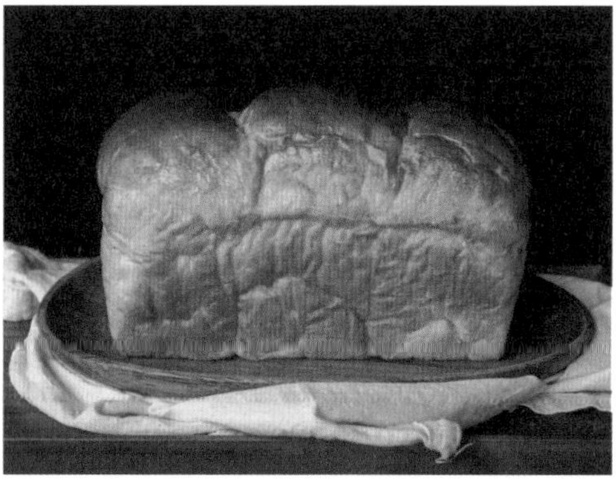

면 좋겠습니다. 그저 그런 식빵들과 비교 당하는 것이 자존심 상합니다. 자, 이제 보통 명사인 이 식빵을 나만 쓸 수 있는 고유 명사로 만들어보려고 합니다.

오랜 시간 지켜봤습니다. 식빵을 사 들고 나간 고객들이 어떻게 이 빵을 소비하는지. 성격 급한 사람들은 손으로 찢어 버터를 바르거나 스프에 찍어 먹습니다. 이 경우는 별 문제가 없습니다. 그런데 샌드위치를 만들려고 하니, 손으로 '북' 찢은 빵으로는 영 볼품이 나지 않습니다. 그래서 식빵을 자르는 칼을 들이댑니다.

이 과정을 보며 혀를 끌끌 찬 한 발명가가 이런 생각을 했습니다. 그래 빵 자르는 기계를 만들자. 3,000년 동안 반죽하고, 굽고, 찢어서 먹던 빵을 일정하게 자르자고 각오한 뒤 실행에 옮긴 사람은 오토 프레드릭 로웨더Otto Frederick Rohwedder입니다. 보석가공을 위한 도구 제작 등으로 돈을 번 이 청년은 온갖 시행착오를 거쳐 마침내 식빵 슬라이스 기계를 만들어냅니다. 용광로 같은 열정이 작품을 완성시켰습니다.

그런데 시장의 반응은 차가웠습니다. 제빵 공장과 빵 가게에서 이 기계를 구매해줘야 그간의 노력이 빛을 발하는데, 문전박대만 당합니다. 보다 못한 친구가 오토의 슬라이스 기계를 동원해 상품을 만들게 됩니다. 인류 최초의 슬라이스 기계로 자른 '슬라이스 식빵'이 출시되는 순간입니다. 기적 같은 성적을 냅니다. 2주 만에 2,000% 매출을 올렸습니다. 이를 지켜본 제빵 생산업자들이 앞다퉈 이 기계를 도입합니다. 이제 '식빵' 하면 오토의 기계로 커팅한 슬라이스 식빵만 생각납니다. 개발자 오토와 그의 친구 덕분에 소비자들은 아주 새롭고 편안한 경험을 하게 됩니다. 정말 도움이 되는 경험을 하게 됐습니다. 판매자가 아닌 소비자에게 실질적으로 도움이 되는 경험. 이런 브랜드라면 자꾸만 기대고 싶어집니다.

세상을 지배하게 된 이 슬라이스 식빵을 곰곰이 바라보던 태국의 한 청년이 있었습니다. 몬 바니시라쿠. 아내와 함께 우유 노점을 하던 몬이 주목한 건 바로 식빵을 이용한 토스트. 집요하게 식빵을 파기 시작합니다. 원래 전공인 우유 노점에 가장 어울리는 토스트를 만들기 위해 식빵에 색을 입히기 시작했습니다.

식빵 위에 코코넛 커스터드, 딸기잼, 콘치즈 등을 국자로 퍼서 부어줍니다. 촉촉하게 배어 들어간 소스는 그냥 식빵을 몬 바니시라쿠 식빵으로 만들어줍니다. 유치할 정도로 알록달록한 소스를 흔하디 흔한 식빵에 발라 '내 것'으로 만들었습니다. 순전히 몬 덕분에 수많은 태국인들과 이 땅을 찾은 관광객들이 아주 행복해졌습니다.

보통 명사 + 나의 생각과 재능 = 고유 명사 ⇨ 새로운 경험

흔하디 흔한 보통 명사에 나의 생각과 재능을 괜히 넣는 게 아닙니다. 온 세상 사람들에게 이제껏 없었던 경험을 하게 해주고 싶어서 이런 노력을 하는 겁니다. 브랜드 네이밍, 브랜드 컬러, 브랜드 아이덴티티, 브랜드 헤리티지, 브랜드 에셋, 브랜드 퍼스널리티…. 다 좋습니다. 하지만 이것 하나만큼은 절대로 양보하지 마세요. 브랜딩은 나만 떠오르게 만들기 위한 노력이라는 사실. 내가 떠오르게 만들려면 보통 명사, 일반 명사에 머물러 있어서는 절대로 안 된다는 사실. 상품

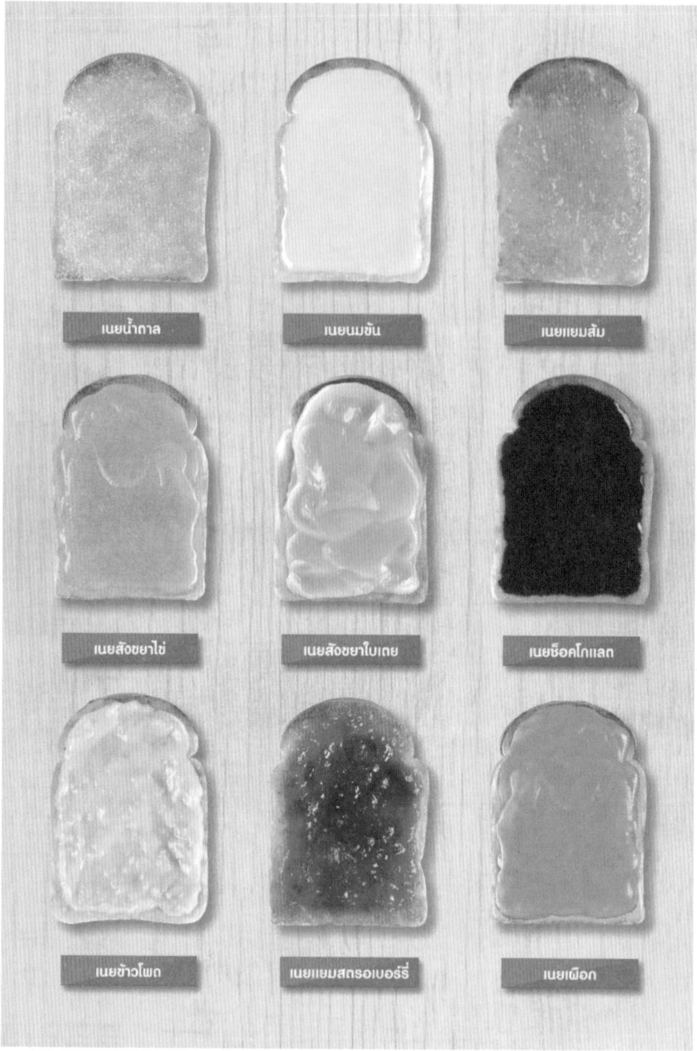

식빵 위에 다양한 소스를 부어 새로운 경험을 만들어준 〈몬 바나시라쿠〉

명도, 형식도, 순서도, 스타일도, 포장도, 먹는 법도, 사용법도 말이죠. 이 세상 그 누구도 줄 수 없는 신비하고, 재미있고, 도움이 되고, 신나고, 이익이 되고, 흥분이 되는 경험을 만들어줘야 한다는 사실. 이제 여러분이 나설 차례입니다.

호떡에 씨앗을 넣으면 새로운 경험이 됩니다.
순댓국에 낙지를 넣으면 새로운 경험이 됩니다.
우유에 과일을 넣어 갈면 새로운 경험이 됩니다.
삼겹살에 칼집을 300번 넣으면 새로운 경험이 됩니다.
등심을 짜장 소스에 찍어 먹게 만들면 새로운 경험이 됩니다.
황금색 가위로 머리를 잘라 주면 새로운 경험이 됩니다.
1회용 속옷을 입고 PT를 받게 하면 새로운 경험이 됩니다.

이 새로운 경험들이 여러분 브랜드를 더욱 돋보이게 만들 겁니다. 아무나 할 수 있는 건 죽어도 하지 마세요. 나만 할 수 있고 세상 그 누구도 할 수 없는 그런 경험을 만들어 중독시키세요.

고객이 잊지 못할
새로운 경험을 선물하세요.

부록

에필로그

부록

브랜딩은 전쟁이다

브랜딩은 치열한 전쟁입니다. 내 브랜드가 설 땅을 확보하지 못하면 잊힙니다. 자, 이 책을 접하며 '그래, 내 브랜드가 시장 내에서 확고하게 자리 잡고 유명해질 수 있도록 최선을 다해야겠어'. 이렇게 각오했다 칩시다. 무엇부터 시작할까요? 이 질문에 99%는 '홍보'라고 대답합니다. 좋습니다. 홍보를 한다 칩시다. 최고의 전문가들이 붙어서 지원사격을 한다 칩시다. 이전보다 많은 사람들이 여러분 브랜드를 알게 되었습니다.

그런데 말입니다. 이렇게 알려지기만 하면 그분들이 마구 달려와 줄까요? 묻지도 따지지도 않고 살까요? 정말 그렇게 믿으세요? 입장을 바꿔놓고 생각해 보세요. 문자를 통해, 전광판을 통해, SNS를 통해 한 브랜드를 알게 되었습니다. 그런데 곰곰이 살펴보니 별 게 없습니다. 그럼 안 갑니다. 안 삽니다. 얼른 이 별거 아닌 기억을 지우려 노력합니다.

내가 흥미를 느끼는 건 나와 관계가 있어야 합니다. 그리고 이전에 있었던 브랜드들에 비해 혜택도 많아야 하고, 나를 더 편하게 만들어줘야 하고, 내게 더 이익이 되어야 하고, 그 소비를 통해 과감하게 잘난 척도 할 수 있어야 합니다. 또 내가 정말 불편하다고 생각한 걸 해소해 줘야 하고, 고민도 해결해 주어야 합니다. 만약 여러분의 광고가 이 내용들을 모두 포함하고 있다면 스마트폰에 메모를 해두겠지만 지금 당장 구매를 하게 만드는 건 만만치 않습니다. 산전, 수전, 공중전, 심리전, 게다가 요즘은 사이버전도 대비해야 합니다. 그래서 감히 '전쟁'이라는 단어를 가져온 겁니다.

전쟁하면 역시 손자병법입니다. 주옥같은 말씀들이 많지만 그중에서도 사람들의 입에 가장 많이 오르내리는 한 구절을 적어 드립니다.

> 是故百戰百勝 非善之善者也 不戰而屈人之兵 善之善者也
> "백 번 싸워 백 번 이기는 것은 최선 중의 최선이 아니고, 싸우지 않고 적을 굴복시키는 것이 최선 중에서 최선이다."

싸워서 이긴다? 얼마나 원시적이고 낭비적인 행위입니까? 평화적으로 해결하고 싶습니다. 조용히 대화로 풀어보고 싶습니다. 하지만 시장이라는 곳은 그리 호락호락하지 않습니다. 매일매일 신무기를 장착한 새로운 브랜드가 등장합니다. 이글거리는 눈을 하고 두 주먹을 불끈 쥔 채 경쟁자들에게 송곳니를 드러내 보입니다.

"자, 이렇게 합시다. 이 상권을 딱 셋으로 갈라 평화롭게 비즈니스를 전개합시다."

이게 가능할 거라고 보는 분은 아무도 안 계실 겁니다. 아무리 평화가 좋아도 이 바닥에 발을 들여놓은 이상 이기지 못하면 빼앗기고 맙니다. 그래서 각자의 브랜드와 영토 그리고 고객을 지키려 목숨을 겁니다. 일주일에 하루 쉬는 것도 아까워 몸과 마음을 갈아 넣고 계신 분들에게 꿈과 희망을 드리는 게 제 임무입니다. 자, 브랜딩 전투와 전쟁에서 이기는 방법을 가르쳐드리겠습니다. 정복당한 패자들이 여러분만 바라볼 수 있게 해드리겠습니다.

스마트폰, 진통제, 야구팀, 축구팀, 소주, 맥주, 연예인, 가수, 배우…. 제일 좋아하는 브랜드는 하나일 수밖에 없습니다.

나이키 vs 아디다스

애플 vs 삼성

벤츠 vs BMW

팔려야 사는 운명이다 보니 어쩌면 브랜드를 운영함에 있어서 전쟁은 운명일지도 모르겠습니다. 그간 연구한 모든 지식을 베이스로 여러분께 승리의 기술을 전해드립니다.

1. 적이 누구인지 정확히 알아야 합니다.

적이 누구인지 모르면 소모전이 됩니다. 불특정 다수와 전쟁을 하는 것만큼 바보짓도 없습니다. 상대를 정했으면 관찰과 파악에 들어갑시다. 그저 하루하루 보내다가는 역습을 당할 수 있습니다. 관찰하세요. 아주 디테일하게.

2. 당신이 리더임을 잊지 마세요.

전쟁을 하는 과정에서 전투원들은 여러분만 바라봅니다. 여러분의 지시만 따르고요. 그러니 흔들리지 마세요. 혹여라도 약한 모습을 보이면 내부 분열이 일어납니다. 가장 강력한 파트너들과 관계를 맺고, 수하의 조직원들에게는 칭찬을 아끼지 마세요. 리더는 길을 만드는 사람입니다.

3. 매일이 마지막 영업일이라 생각하세요.

간절해야 살아남을 수 있습니다. 마지막이라는 기분으로 전장에 나서세요. 왜 하필 처음도 아니고 마지막이라는 단어를 선물 드렸냐면 미련과 후회 때문입니다. 한바탕 전투에서 미련이 남아서는 안 됩니다. 후회를 남겨서는 버티기 어렵습니다. 그러니 마지막 한 방울까지 아끼지 말고 쏟아부으세요. 고객의 편익을 위해, 만족과 행복을 위해, 결과적으로는 나와 내 가족을 위해.

4. 자기 사람이 많아야 합니다.

최대한 많은 아군을 확보하세요. 직원, 협력사, 고객은 물론이고 온라인과 오프라인에서 만나는 모든 사람을 내 편으로 만드세요. 그들이 나와 내 브랜드를 응원하게 해주세요. 그들의 몸속에서 테스토스테론이 화산처럼 분비되게 만들려면 응원받을 일을 먼저 해야겠지요. 먼저 주세요. 아낌없이 주세요. 호감 살 일만 하시고 지치지 말고 신뢰를 쌓으세요. 이걸 복잡하게 생각하시는 분들이 많은데 대놓고 약속을 하시면 됩니다. 그걸 반드시 지켜주세요. 지키고 있다는 사실도 보여주시고요. 그래야 호감과 신뢰가 두터워집니다.

5. 싸워야 할 대상과 피해야 할 상대를 명확히 정해야 합니다.

덤비지 말아야 할 상대 리스트를 뽑으세요. 그의 영역에는 들어가지 않는 것이 좋습니다. 무리한 욕심 때문에 내 조직이 파괴되는 수가 생깁니다. 크다고 무조건 좋은 것이 아닙니다. 내 몸에 꼭 맞는 조직과 스타일 그리고 직원과 고객이 필요합니다. 이기고 싶은 브랜드, 따르고 싶은 브랜드 그리고 상종하고 싶지 않은 브랜드를 명확히 해야 전투지도를 짤 수 있습니다.

6. 당신이 위협적인 존재임을 과시하세요.

끊임없는 콜라보와 협업을 통해 당신 브랜드가 위협적이라는 사실을 생색내세요. 이 땅의 모든 인플루언서들이 몰려오고 있고, 연예인들이 사랑하고 아끼는 브랜드고, 다들 친해지고 싶어 안달인 브랜드라는 사실을 입증해 주세요. 사이버 수사대를 싹 풀어서 내 브랜드에 호감을 가지고 있는 사람들의 리뷰를 모아보세요. 하루 서너 개씩만 꾸준히 모아도 일 년이면 족히 1,000개가 넘는 리뷰가 모입니다.

7. 경쟁자는 지금 무슨 생각을 할까 늘 촉각을 세우세요.

적장은 지금 이 순간 무슨 생각을 하고 있을까? 상상해 주세요. 그가 생각을 하든 말든 관계없습니다. 우리의 마음 자세가 중요합니다. 상대의 진짜 생각을 읽기는 쉽지 않습니다. 대신 그런 마인드로 늘 긴장하는 것이 중요합니다. 그래야 치밀한 관찰이 가능해집니다.

촉각을 세우면 훨씬 더 많은 것이 보입니다.

8. 상대의 장점과 단점을 캐치해야 합니다.

상대 브랜드의 단점과 장점을 냉정하게 추출해야 합니다. 장점은 더욱 보강해 제압할 수 있는 디테일을 준비하고, 단점은 어떤 연유로 생긴 것인지 추적하는 과정에서 여러분 브랜드가 성장할 수 있습니다.

9. 예측 가능한 플레이는 버리세요.

세계적인 스타 플레이어들은 절대로 상대에게 '읽히지 않습니다'. 만약 손흥민 선수가 뻔한 개인기로 수비수들에게 수를 읽힌다면 이 정도의 팬덤을 구축할 수 있었을까요? 어림 반 푼어치도 없는 소리입니다. 수비수가 상상도 할 수 없는 공격을 해내야 그 몸값을 유지할 수 있습니다. 뻔하고 상식적인 행보로는 절대 전쟁에서 승리할 수 없습니다. 화려하고 현란한 개인기를 구사해주세요. 보는 이로 하여금 입이 떡 벌어지게 만들 그런 섹시하고 초 강력한 개인기를 준비하세요.

노출과 검색의 중요성

브랜딩의 목적은 유명해지는 겁니다.

유명해지기 위해서는 평범하지 않아야 합니다.

평범하지 않으려면 정반대로 생각하면 됩니다.

자, 여러분의 브랜드를 유명하게 만들고 싶다면 먼저 세상에 브랜드의 존재를 알려야겠죠. 에펠탑 효과를 만들기 위해서는 최대한 많은 채널에서 노출이 되어야 합니다. 에펠탑 효과란 자주 보게 되면 점점 호감을 갖게 되는 현상을 일컫는 심리학 용어입니다. 프랑스 시민들은 처음에 파리 시내에 흉물스러운 철탑이 들어선다며 반발했지만, 막상 에펠탑이 완공되어 가는 모습을 보면서 생각이 달라졌습니다. 자주 보면서 익숙해졌고 중간중간 아주 감동적인 장면도 보게 되니 친근감도 생기면서 마침내 완공 시에는 매력적으로까지 보게 됐죠.

네이버, 유튜브, 구글, 인스타그램, 틱톡, 페이스북…. 많은 채널에서 노출되면 노출될수록 여러분의 브랜드가 사람들의 입에 오르내릴 가능성이 높아집니다. 그런데 말입니다. 각 채널에 여러분 브랜드를 노출하라고 하면 대다수가 내가 가진 장점에 초점를 맞춥니다. 사람들이 관심이 있든 없든 말이죠. 늘 내 주장만 합니다. 자랑을 늘어놓다 보니 차단 당하게 되지요. 그럼 채널에서는 어떤 내용을 건드려야 더 유명한 브랜드가 될 수 있을까요?

정답은 '내일'에 있습니다.

내일 사람들은 어떤 키워드로 검색을 할까? 내일 사람들에게 가장 필요한 건 뭘까? 이렇게 내일을 준비하면 경쟁자들과는 달리 내 브랜드만 선택당할 수 있습니다.

자, 내일이 추석이라고 가정해 보겠습니다. 사람들은 내일, 아니 오늘부터라도 어떤 키워드로 검색을 할까요? 키워드 검색 사이트의 힘을 좀 빌려보겠습니다.

그렇죠, 부모님이 나오겠죠. 또 공휴일에 대한 정보도 궁금할 겁니다. 추석 기간에 여행은 어떨지, 휴가를 사용하는 것은 어떨지 궁금하기도 할 겁니다. 이 검색어들은 매년 돌아오는 연휴 기간 내내 매일 변합니다.

썸트렌드에 '추석'을 검색한 결과

이렇게 충분히 검색할 만한 가능성이 높은

질문들을 미리 뽑아 검색어를 추출하는 겁니다. 네? 이걸 어디다 활용하냐고요? 네이버 플레이스 키워드, 광고 소재, SNS 게시물, 마케팅 메시지에 바로 적용하는 겁니다. 대다수의 사람들이 내일 검색할 만한 키워드를 추출해서 내 브랜드가 노출되는 곳에 반영해 놓으면 어느 업종에서든 제일 먼저 검색이 될 겁니다.

추석 극장.
어린이날 맛집.
어버이날 선물.
스승의날 꽃.
부처님 오신 날 가볼 만한 곳.
크리스마스 날씨.

늘 말씀드리죠? 사람들은 나의 고민을 해결해 주는 브랜드를 가장 좋아한다고. 내가 당장 풀어야만 할 숙제를 도와주는 브랜드는 잊지 못한다고. 그래야 덜 잊히고 오래 기억에 남을 수 있습니다. 다시금 이런 상황이 반복된다면 제일 먼저 떠오를 테고요. 브랜드 컨셉, 아이덴티티, 자산…. 다 좋지만 본질은 하나입니다.

고객의 뇌에서 그리고 검색 결과에서,
내 브랜드가 떠올라야 합니다.

에필로그

브랜딩은 순전히 내 결심에 달려있다

첫 시간 수업이 끝나고 나면 숙제를 내줍니다. 아주 쉽고 단순한 과제입니다.

"내일 일어나면 제일 가까운 에르메스 매장으로 가서 립스틱을 하나 사세요. 그 누구도 아닌 '나'를 위한 선물입니다. 만약 남성이라면 어머니, 아내, 누나, 애인, 동생을 위해 구매하세요."

모두가 어리둥절한 표정으로 서로의 얼굴을 바라보며 표정을 읽습니다. '아니, 뜬금없이 웬 에르메스야?'. 하지만 이 표정은 딱 하루면 달라집니다.

소풍 가는 어린 아이처럼, 또 신혼여행을 떠나는 부부처럼 흥분된 어조로 감사의 편지가 올라옵니다.

에르메스 립스틱 숙제를 내는 데는 여러 가지 이유가 있습니다. 매장에 가기 전 브랜드의 스토리텔링도 좀 읽어보고, 매장에 가서는 컬러와 로고도 좀 보고, 직원들의 톤 앤 매너도 살펴보고, 전세계 여성

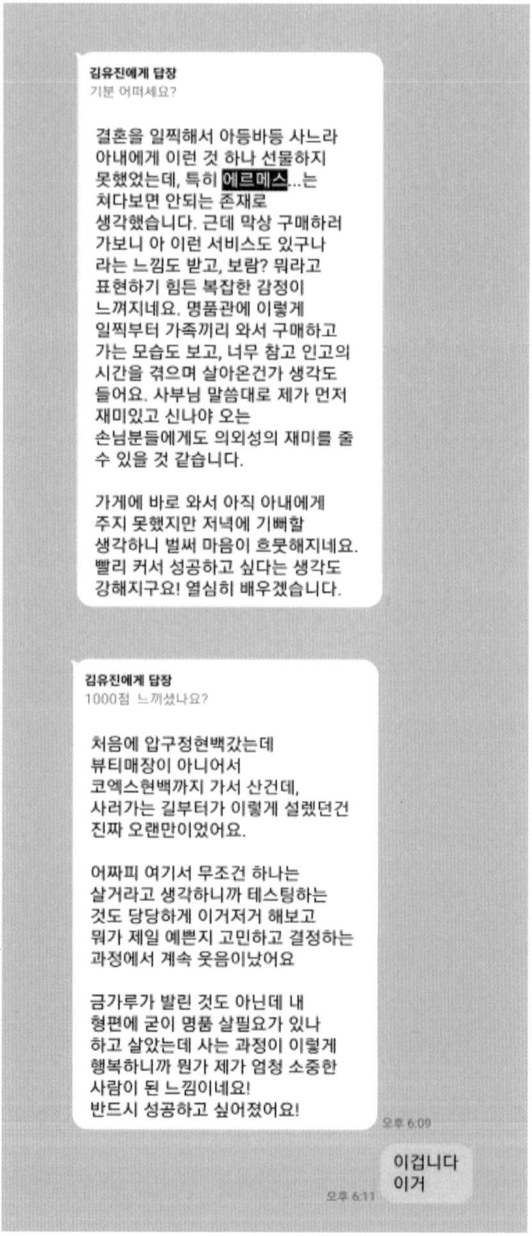

김유진에게 답장
기분 어떠세요?

결혼을 일찍해서 아등바등 사느라
아내에게 이런 것 하나 선물하지
못했었는데, 특히 에르메스...는
쳐다보면 안되는 존재로
생각했습니다. 근데 막상 구매하러
가보니 아 이런 서비스도 있구나
라는 느낌도 받고, 보람? 뭐라고
표현하기 힘든 복잡한 감정이
느껴지네요. 명품관에 이렇게
일찍부터 가족끼리 와서 구매하고
가는 모습도 보고, 너무 참고 인고의
시간을 겪으며 살아온건가 생각도
들어요. 사부님 말씀대로 제가 먼저
재미있고 신나야 오는
손님분들에게도 의외성의 재미를 줄
수 있을 것 같습니다.

가게에 바로 와서 아직 아내에게
주지 못했지만 저녁에 기뻐할
생각하니 벌써 마음이 흐뭇해지네요.
빨리 커서 성공하고 싶다는 생각도
강해지구요! 열심히 배우겠습니다.

김유진에게 답장
1000점 느끼셨나요?

처음에 압구정현백갔는데
뷰티매장이 아니어서
코엑스현백까지 가서 산건데,
사러가는 길부터가 이렇게 설렜던건
진짜 오랜만이었어요.

어짜피 여기서 무조건 하나는
살거라고 생각하니까 테스팅하는
것도 당당하게 이거저거 해보고
뭐가 제일 예쁜지 고민하고 결정하는
과정에서 계속 웃음이났어요

금가루가 발린 것도 아닌데 내
형편에 굳이 명품 살필요가 있나
하고 살았는데 사는 과정이 이렇게
행복하니까 뭔가 제가 엄청 소중한
사람이 된 느낌이네요!
반드시 성공하고 싶어졌어요!

오후 6:09

이겁니다
이거

오후 6:11

들이 흥분하는 브랜드의 상품과 패키지 감상도 하고…. 하지만 제가 이 숙제를 내는 가장 큰 이유 그리고 근본적인 이유는 바로 생각에 있습니다.

브랜딩을 하겠다는 사람들이 그저 책만 읽습니다. 유튜브만 봅니다. 뭔가 근사한 단어가 나오면 받아 적기 급급합니다. 다시 꺼내 보는 일은 거의 없습니다. 스스로를 기특하게 생각하며 '기념품'으로 간직하기 일쑤입니다. 그런데 막상 브랜딩 작업에 들어가면 모두가 심각해집니다. 머리를 싸매고, 이맛살을 찌푸리고, 연신 커피를 마셔대며 뻔한 그 뇌를 굴립니다. 공부를 안 해서가 아닙니다. 전공을 안 해서도 아닙니다. 브랜딩이 어려운 이유는 생각과 기분이 칙칙해서입니다. 이런 상태에서는 훌륭한 아이디어가 나오기 어렵습니다.

스스로를 극도로 흥분된 상태로 만들어주세요.
마구마구 설레는 컨디션으로 만들어주세요.

동일한 상품과 서비스를 바라봐도 기분이 좋을 때와 무거울 때는 완전히 다른 평가가 내려집니다. 브랜딩도 마찬가지입니다. 대부분 본인의 브랜드를 도드라지게 만들기 위해 최선을 다합니다. 그런데 그 소중한 작업을 아주 어둡고, 무겁고, 칙칙한 상태에서 시도합니다. 그래서 에르메스처럼, 구찌처럼, 슈프림처럼, 런던베이글뮤지엄처럼 대단한 브랜딩 아이디어가 나오지 않는 겁니다.

아마도 브랜딩에 대한 이런 접근은 이 책이 처음이지 싶습니다. 보통 브랜딩을 이야기할 때 많이 나오는 표현들인 아이덴티티, 퍼스널리티, 메시지, 스토리…. 사람들은 이런 복잡하기만 한 '기법들'에 사로잡혀 정작 중요한 브랜드의 '무드'를 만들어내지 못합니다.

브랜딩의 가장 무서운 비법은 믿음입니다.

다른 사람은 못해도 나는 할 수 있다는 믿음. 다른 식당은 못해도, 다른 피트니스 클럽은 못해도, 다른 호텔은 못해도, 다른 헤어숍은 못해도, 다른 당구장은 못해도, 다른 브랜드는 못해도 나는 할 수 있다는 믿음. 이 믿음이 강력한 브랜드를 만들어줍니다. 자, 직접 보여드리겠습니다.

1. "난 업계 1등 브랜드를 만들 수 있어."
2. "도대체 어떻게 해야 1등 하는 브랜드를 만들 수 있는 거야?"

이 사고 방식은 완벽하게 다른 결과를 가져다 줍니다. 할 수 있다는 믿음은 방법을 보여줍니다.

아무도 가보지 않은 길.
누구도 시도해보지 않은 방식.
가장 도드라지는 간판.
가장 인상적인 손잡이.
상상도 할 수 없을 정도로 재미있는 서비스.

이것들 하나 하나가 모여 그 어느 곳에서도 눈에 띄는 강력한 브랜드의 성을 만들 수 있습니다. 반면 '어떻게'에 집중하다 보면 자꾸만 업계 1등만 바라보게 됩니다. 생각이 그쪽으로 향하다 보니 어느새 베끼고 카피하느라 비슷해집니다. 결국 연륜과 전통 그리고 규모를 자랑하는 그들의 그림자 속으로 들어가 묻히고 맙니다.

또 있습니다. 최고의 브랜드를 만들 수 있다는 믿음은 나와의 약속으로 이어집니다. 하나에서부터 열까지 단 하나라도 빠트리지 않으려고 스스로 치열해집니다. 리본 하나, 봉투 하나, 수저 하나, 화장실 휴지 하나 대충 내놓는 법이 없습니다. 왜? 1등이니까요. 최고의 브랜드이니까요. 이 약속을 지키지 못하면 창피해지니까요. 이런 자신과 믿음이 없으면 이렇게 됩니다.

"다들 그 정도 하잖아. 우리도 이 정도면 문제없을 거야."

최고의 브랜드를 만들 수 있다는 믿음, 여러분은 그럴 자격이 충분하다는 믿음, 그 믿음이 브랜딩의 에너지가 됩니다. 결국 믿음에 대한 자존심을 지키고자 노력하는 과정에서 더욱 강력해집니다.

여러분은 지금 이 순간부터 얼마든지 여러분을 속일 수 있습니다. 그리고 조종도 가능합니다. 이 은밀한 시크릿을 극소수만 알고 있기에 세계적 브랜드가 생각보다 많지 않은 겁니다. 이제 여러분이 주인공이 되실 차례입니다. 믿으세요.

최고의 자리를 지키기 위해 믿음을 만드세요.

그리고 가장 높은 자리에 있을 여러분과 여러분의 브랜드를 상상해보세요. 어떤 생각을 보여주고 있을지? 어떤 미션을 실천하고 있을지? 얼마나 많은 스텝들이 여러분을 바라보고 있을지? 몇 개의 건물을 가지고 있을지? 전 세계 어느 도시에 진출해 있을지? 공상영화처럼 느껴질지 모르겠지만, 이 상상도가 여러분을 그 자리로 안내해줄 겁니다.

죽을 때까지 단 한 번도 이렇게 아름다워진 나의 미래를 그려보지 못하고 생을 마감하는 사람들이 대부분입니다. 그래서 평생 고민만 하다 가는 겁니다. 가장 높은 자리에 올라간 여러분을 아주 구체적으로 상상하는 것만으로 그 꿈의 반은 실현이 됩니다.

그러니 강력하게 믿어주세요.
이 세상에서 가장 소중한 당신을.

FAMOUS

페이머스

당신의 브랜드는 좀 더 유명해질 수 있습니다

1판 1쇄 발행 2024년 9월 12일
1판 6쇄 발행 2025년 1월 31일

지은이 김유진
펴낸이 김도형
책임편집 김지훈

펴낸곳 ㈜도서담 등록 제2021-000053호(2021년 2월 10일)
주소 서울 강남구 테헤란로87길 36 도심공항타워 24층
전화 070-8098-8535
이메일 dsd@doseodam.com

ISBN 979-11-981849-2-4 (03320)